Die TOP 25 Klausurfälle Europarecht

2024

Christian Sommer
Rechtsanwalt und Repetitor

Laura Elbing

ALPMANN UND SCHMIDT Juristische Lehrgänge Verlagsges. mbH & Co. KG
48143 Münster, Alter Fischmarkt 8, 48001 Postfach 1169, Telefon (0251) 98109-0
AS-Online: www.alpmann-schmidt.de

Sommer, Christian
Elbing, Laura

Die TOP 25 Klausurfälle
Europarecht

7. Auflage 2024
ISBN: 978-3-86752-771-2

Alpmann und Schmidt Juristische Lehrgänge
Verlagsgesellschaft mbH & Co. KG, Münster

Benutzerhinweise

Die Reihe „Klausurfälle" ermöglicht sowohl den Einstieg als auch die Wiederholung des jeweiligen Rechtsgebiets **anhand von Klausurfällen**. Denn unser Gehirn kann **konkrete Sachverhalte** besser speichern als abstrakte Formeln. Während des Studiums besteht die Gefahr, dass man zu abstrakt lernt, sich verzettelt und letztlich gänzlich den Überblick über das wirklich Wichtige verliert.

Ferner erfordern juristische Prüfungsaufgaben regelmäßig das Lösen von konkreten Fällen. Hier musst Du dann beweisen, dass Du das Erlernte auf den konkreten Fall anwenden kannst und die spezifischen Probleme des Falles entdeckt hast. Außerdem musst Du zeigen, dass Du die richtige Mischung zwischen Gutachten- und Urteilsstil beherrschst und an den Problemstellen überzeugend argumentieren kannst. Diese Fähigkeiten vermittelt unser „Basiswissen **Methodik der Fallbearbeitung** – Wie schreibe ich eine Klausur?".

Nutze die jahrzehntelange Erfahrung unseres Repetitoriums. Seit mehr als 60 Jahren wenden wir konsequent die **Fallmethode** an. Denn ein **prüfungsorientiertes Lernen** muss „hart am Fall" ansetzen. Da wir nicht nur Skripten herausgeben, sondern auch in mündlichen Kursen Studierende ausbilden, wissen wir aus der täglichen Praxis, „wo der Schuh drückt".

Die Lösung der „Klausurfälle" ist kompakt und vermeidet – so wie es in einer Klausurlösung auch sein soll – überflüssigen, dogmatischen „Ballast". Die Lösungen sind komplett **durchgegliedert** und im **Gutachtenstil** ausformuliert, wobei die unproblematischen Stellen unter Beachtung des Urteilsstils kurz ausfallen – so wie es **gute Klausurlösungen** erfordern.

Beispiele für die Gewichtung der **Punktvergabe** in einer Semesterabschlussklausur findest Du hier:

t1p.de/1vc0

t1p.de/pufr

t1p.de/enyx

Wir vermitteln in der Reihe „Klausurfälle" die Wissensanwendung. Sie **ersetzt nicht die Erarbeitung der gesamten Rechtsmaterie** und ihrer Struktur. Übergreifende Aufbauschemata findest Du in unseren „Aufbauschemata". Ferner empfehlen wir Dir unser „Basiswissen" für den erfolgreichen Start ins jeweilige Rechtsgebiet: verständlich dargestellt und durch zahlreiche **Beispiele, Übersichten und Prüfungsschemata** anschaulich vermittelt.

Leseproben und Bestellungen:
shop.alpmann-schmidt.de

Eine darauf aufbauende Darstellung des Stoffes auf Examensniveau liefern unsere „Skripten“. Sofern die RÜ zitiert wird, handelt es sich um unsere Zeitschrift „RechtsprechungsÜbersicht“, in der monatlich aktuelle, examensverdächtige Fälle **klausurmäßig** gelöst erscheinen.

Viel Erfolg!

INHALTSVERZEICHNIS

1. Teil: Verhältnis des Unionsrechts zum nationalen Recht

1. Abschnitt: Rechtsschutz gegen unionsrechtlich determiniertes Recht

Fall 1: EU-Recht als mittelbarer Gegenstand verfassungsrechtlicher Rechtsbehelfe

Als K die Ausstellung eines neuen Passes beantragt, wird er von der Mitarbeiterin der zuständigen Behörde darüber informiert, dass auf dem Pass biometrische Daten, nämlich das Gesichtsbild und die Fingerabdrücke gespeichert werden. K verweigert die Mitwirkung an der Erfassung der biometrischen Daten und klagt anschließend vor dem zuständigen Verwaltungsgericht auf Erteilung des Passes ohne Speicherung biometrischer Daten. Aus seiner Sicht verletzen die Vorschriften des § 4 Abs. 3 S. 1, Abs. 4 S. 1 des Passgesetzes (PassG) seine Grundrechte, insbesondere sein Recht am eigenen Bild und auf informationelle Selbstbestimmung als Ausprägungen des allgemeinen Persönlichkeitsrechts aus Art. 2 Abs. 1 i.V.m. Art. 1 Abs. 1 GG. Die zuständige Behörde trägt hingegen vor, dass § 4 PassG – was zutrifft – eine nahezu wortlautgetreue Wiedergabe der Art. 1 Abs. 1 und Abs. 2 der Verordnung (EG) Nr. 2252/2004 über Normen für Sicherheitsmerkmale und biometrische Daten in von den Mitgliedstaaten ausgestellten Pässen und Reisedokumenten enthalte und somit zwingendes europäisches Recht in nationales Recht umsetze. Demnach dürften die Vorschriften des PassG nicht an deutschen Grundrechten gemessen werden.

Das Verwaltungsgericht schließt sich der Ansicht des K an und hält § 4 Abs. 3, Abs. 4 PassG für verfassungswidrig. Deshalb legt es die Vorschriften dem BVerfG formgemäß zur Überprüfung vor, ob das PassG mit dem Grundgesetz vereinbar ist. Ist das Verfahren zulässig?

Hier könnte die Vorlage des Verwaltungsgerichts als **konkrete Normenkontrolle** zulässig sein.

I. Zuständigkeit und Rechtsweg

Das Verwaltungsgericht begehrt die Klärung der Verletzung höherrangigen Bundesrechts durch ein Bundesgesetz. Hierfür steht mit der **konkreten Normenkontrolle** gemäß Art. 93 Abs. 1 Nr. 5, Art. 100 Abs. 1 GG, § 13 Nr. 11 BVerfGG ein Rechtsbehelf zur Verfügung, der zugleich den **Rechtsweg** zum und die **Zuständigkeit** des BVerfG eröffnet.

II. Vorlagegegenstand

Tauglicher Vorlagegegenstand der konkreten Normenkontrolle sind nach Art. 100 Abs. 1 S. 1 GG **Gesetze**.

1. Nationale Gesetze

Gesetze im vorgenannten Sinne sind nur **formelle nachkonstitutionelle Gesetze**. Mit § 4 PassG liegt grundsätzlich ein vom deutschen Gesetzgeber erlassenes Parlamentsgesetz vor, dass tauglicher Gegenstand einer konkreten Normenkontrolle sein kann.

Hierdurch wird das „Verwerfungsmonopol des BVerfG" begründet.

2. Bei unionsrechtlichem Vorbild

Gegen einen tauglichen Vorlagegegenstand könnte jedoch sprechen, dass § 4 PassG die Formulierung der VO (EG) Nr. 2252/2004 in sich aufnimmt bzw. auf diese unionsrechtliche Vorschrift verweist.

a) Keine Rechtsbehelfe gegen Unionsrecht

Dieses Problem stellt sich nicht nur bei konkreten Normenkontrollen, sondern kann Dir auch bei abstrakten Normenkontrollen und Verfassungsbeschwerden begegnen.

Gegenstand der konkreten Normenkontrolle können nur **nationale Gesetze** sein. Das BVerfG übt dementsprechend **grundsätzlich keine Kontrolle über unionsrechtliches Fachrecht** wie Verordnungen und Richtlinien aus und es überprüft dieses Recht nicht am Maßstab der Grundrechte des Grundgesetzes, solange die Unionsgrundrechte einen wirksamen Schutz der Grundrechte generell bieten, der dem vom Grundgesetz jeweils als unabdingbar gebotenen Grundrechtsschutz im Wesentlichen gleich zu achten ist, zumal den Wesensgehalt der Grundrechte generell verbürgen.[1] Unabhängig von der Frage, ob dieser Grundrechtsschutz im vorliegenden Fall greift, wendet sich das Verwaltungsgericht jedenfalls nicht gegen eine europäische Verordnung oder Richtlinie, sondern gegen das deutsche PassG.

Allerdings ist zu berücksichtigen, dass § 4 PassG nicht auf einer autonomen Entscheidung des deutschen Gesetzgebers beruht, sondern die Regelung der VO (EG)Nr. 2252/2004 in Bezug nimmt bzw. auf diese verweist.

Richtiger Vorlagegegenstand sind nach Art. 100 Abs. 1 GG formelle, nachkonstitutionelle Gesetze. Um ein solches handelt es sich bei dem PassG, sodass damit ein tauglicher Vorlagegegenstand gegeben ist.

b) Auch keine Rechtsbehelfe mit mittelbarem EU-Rechts-Gegenstand

Allerdings beruht § 4 PassG nicht auf einem autonomen Entschluss des deutschen Gesetzgebers, sondern vielmehr auf einer **europäischen Verordnung**. Handelt es sich um unionsrechtliche Vorgaben, die ohne Gestaltungsspielraum für den mitgliedstaatlichen Gesetzgeber in nationales Recht transformiert werden müssen, würde die Prüfung der deutschen Vorschriften mittelbar zu einer Prüfung der unionsrechtlichen Vorgaben anhand des Grundgesetzes führen. Für verfassungsrechtliche Rechtsbehelfe, die zwingende unionsrechtliche Vorgaben in deutsches Recht umsetzen und damit als verbindliches Fachrecht der Union angesehen werden können, kann damit nichts anderes gelten wie für Rechtsbehelfe, die sich unmittelbar gegen Unionsrechtsakte richten.[2] Derartige Rechtsbehelfe sind unzulässig.

Es kommt damit darauf an, ob die angegangenen nationalen Vorschriften **unionsrechtlich determiniert** sind, also das Unionsrecht eine zwingende Umsetzungsvorgabe ohne Entscheidungsspielraum macht.[3] Die Art. 1 Abs. 1 und Abs. 2 der Verordnung (EG) Nr. 2252/2004 machen genaue Vorgaben für die Beschaffenheit der in den Mitgliedstaaten verwendeten Pässe und Reisedokumente und ordnen an, dass auf den Pässen biometrische Daten digital gespeichert werden. Diese Vorgaben hat der deutsche Gesetzgeber nahezu wortgleich in das PassG übernommen, was bereits ge-

1 BVerfG NJW 2020, 317; NJW 2020, 2699, 2704.

2 Vgl. BVerfG, Beschl. v. 08.09.2020 – 1 BvR 895/16, BeckRS 2020, 26957; NVwZ-RR 2020, 569, 570.

3 BVerfG RÜ 2011, 799; RÜ 2018, 450, 451; BVerwG, Beschl. v. 28.03.2018 – 6 B 76.17.

gen einen Entscheidungsspielraum spricht. Darüber hinaus gelten unionsrechtliche Verordnungen nach Art. 288 Abs. 2 AEUV in den Mitgliedstaaten **unmittelbar**; sie bedürfen – anders als Richtlinien, vgl. Art. 288 Abs. 3 AEUV – keiner Transformation in nationales Recht. Allerdings kann es aus Gründen der Klarstellung geboten sein, die Vorgaben der Verordnung gleichwohl in nationales Recht aufzunehmen, um eine hinreichende Rechtsklarheit herzustellen. Die vom Gesetzgeber zur Klarstellung aufgenommenen nationalen Vorschriften müssen wiederum mit der unmittelbar geltenden Verordnung übereinstimmen, um ein Verstoß gegen höherrangiges Unionsrecht zu vermeiden; ein Umsetzungsspielraum existiert in diesen Fällen nicht.

Mangels Umsetzungsspielraums ist § 4 Abs. 3, Abs. 4 PassG der Rspr. des BVerfG entzogen. Es liegt damit kein tauglicher Vorlagegegenstand vor.

Ergebnis: Das konkrete Normenkontrollverfahren ist unzulässig.

Hinweis, nicht Bestandteil der Lösung:

Scheiden die Grundrechte des Grundgesetzes als Prüfungsmaßstab für deutsche Rechtsvorschriften aus, weil diese inhaltlich vollständig durch das Unionsrecht determiniert sind, sind die Fachgerichte verpflichtet, einen wirkungsvollen Grundrechtsschutz über das Vorabentscheidungsverfahren nach Art. 267 AEUV zu gewährleisten. Dies bedeutet, dass sie in Zweifelsfällen eine Entscheidung des Gerichtshofs der Europäischen Union (Spruchkörper: Gerichtshof) darüber einzuholen haben, ob das umgesetzte Unionsrecht mit der GRCh und anderem höherrangigen Unionsrecht vereinbar ist. Der Gerichtshof entscheidet mit bindender Wirkung darüber, ob die Grundrechte des Unionsrechts, die einen dem Grundgesetz entsprechenden Schutzstandard aufweisen, beachtet wurden.[4]

Geht das vorlegende Gericht jedoch von einem Umsetzungsspielraum des nationalen Gesetzgebers aus, ohne dass sich dieser Umsetzungsspielraum unzweifelhaft aus dem materiellen Unionsrecht oder aus der Rspr. des Gerichtshofs ergibt, erfüllt das Gericht nicht die Darlegungsanforderungen des Art. 100 Abs. 1 S. 1 GG i.V.m. § 80 Abs. 2 S. 1 BVerfGG, sodass das Normenkontrollverfahren ebenfalls unzulässig ist.[5]

4 BVerfGE 129, 186, 198 ff.; BVerfG NJW 2016, 2247; BVerwG, Beschl. v. 28.03.2018 – 6 B 76.17.

5 BVerfG NJW 2012, 45, 48.

2. Abschnitt: Besonderheiten bei der Verfassungsbeschwerde

Fall 2: Verfassungsbeschwerde, Anwendbarkeit der GRCh

B ist Geschäftsführerin eines Unternehmens und wird von Reporter R des N-Rundfunks zum Thema Kündigungspraxis interviewt. Mit ihrer Einwilligung werden die dabei erstellten Aufnahmen in einem Beitrag mit dem Titel „Kündigung: Die fiesen Tricks der Arbeitgeber" ausgestrahlt. Ein Transkript der Sendung lädt der N-Rundfunk auf sein Online-Portal hoch.

Sechs Jahre nach dem Interview stellt B fest, dass bei vollständiger Eingabe ihres Namens in der Suchmaschine G, die von der G LLC mit Sitz in Amerika betrieben wird, als erster Suchtreffer stets ein Link auf das Transkript ihres Interviews erscheint. Sie fordert G zur Auslistung des Links auf. Da B keine Antwort erhält, erhebt sie beim zuständigen Landgericht Klage, mit der sie von G verlangt, es zu unterlassen, das von ihr monierte Suchergebnis anzuzeigen. Zur Begründung der Klage führt sie an, der Unterlassungsanspruch folge aus § 35 Abs. 2 S. 2 BDSG. Dieser gehe auf die Richtlinie 95/46/EG zum Schutz natürlicher Personen bei der Verarbeitung personenbezogener Daten und zum freien Datenverkehr (sog. Datenschutz-Richtlinie, DSLR) zurück, die – was zutrifft – verbindliche Regelungen für die Mitgliedstaaten enthält. Abweichungen von den Vorgaben sind nur im Bereich des Journalismus vorgesehen. Ferner ergebe sich der Unterlassungsanspruch aus §§ 823, 1004 BGB i.V.m. Art. 2 Abs. 1, 1 Abs. 1 GG.

Das Landgericht weist die Klage ab. Ein Anspruch aus § 35 BDSG bestehe nicht, da – was zutrifft – die Speicherung des Links nach § 29 Abs. 1 S. 1 Nr. 2 BDSG zulässig sei. Auch ein Unterlassungsanspruch aufgrund der Verletzung von Grundrechten komme nicht in Betracht. Zunächst könne offenbleiben, ob der Schutz über das allgemeine Persönlichkeitsrecht aus Art. 2 Abs. 1 i.V.m. Art. 1 Abs. 1 GG oder die Art. 7, 8 GRCh vermittelt werde. Beide seien im Rahmen privatrechtlicher Rechtsverhältnisse zu berücksichtigen und würden eine ähnliche Schutzwirkung entfalten. Die vorzunehmende Abwägung zwischen dem Recht der G auf unternehmerische Freiheit, dem Recht des N-Rundfunks auf Veröffentlichung, dem Informationsinteresse der Internetnutzer und dem Datenschutzrecht der B gehe jedenfalls zulasten der B aus, da die Äußerungen sie lediglich in der Sozialsphäre betreffen. Die Bewertung der Kündigungspraktiken als „fies" stelle überdies keine Schmähung dar, sondern sei von der Meinungs- und Pressefreiheit des N-Rundfunks gedeckt. Letztlich begründe auch die vergangene Zeit keinen Löschungsanspruch. Grundsätzlich könne die dauerhafte Verlinkung von Beiträgen durch Suchmaschinen mit zunehmender zeitlicher Distanz zum Ereignis unzulässig werden. Da B allerdings selbst in die Öffentlichkeit getreten sei und an dem Thema Kündigungsschutz nach wie vor ein öffentliches Interesse bestehe, könne die zeitliche Distanz für sich genommen zumindest zum jetzigen Zeitpunkt noch keine Löschung rechtfertigen.

Nach erfolglos durchgeführter Berufung und Revision erhebt die B form- und fristgemäß Verfassungsbeschwerde. Sie rügt die Verletzung ihres Rechts auf informationelle Selbstbestimmung aus Art. 2 Abs. 1 i.V.m. Art. 1 Abs. 1 GG durch die – aus ihrer Sicht – fehlerhafte Abwägung der Zivilgerichte.

Wie wird das BVerfG über die Verfassungsbeschwerde entscheiden?

Vermerk für die Bearbeitung: Soweit im Sachverhalt auf das BDSG verwiesen wird, ist hiermit die inzwischen außer Kraft getretene Fassung gemeint. Die relevanten Vorschriften sind nachstehend ebenso abgedruckt wie ein Auszug aus der Datenschutz-Richtlinie. Auf Vorschriften der DS-GVO ist bei der Begutachtung nicht einzugehen.

§ 29 BDSG

(1) Das geschäftsmäßige Erheben, Speichern, Verändern oder Nutzen personenbezogener Daten zum Zweck der Übermittlung, insbesondere wenn dies der Werbung, der Tätigkeit von Auskunfteien oder zum Adresshandel dient, ist zulässig, wenn ...

2. Die Daten aus allgemein zugänglichen Quellen entnommen werden können oder die verantwortliche Stelle sie veröffentlichen dürfte, es sei denn, dass das schutzwürdige Interesse des Betroffenen an dem Ausschluss der Erhebung, Speicherung oder Veränderung offensichtlich überwiegt, ...

§ 35

(2) 1... 2 Personenbezogene Daten sind zu löschen, wenn ...

1. ihre Speicherung unzulässig ist, ...

Die zulässige Verfassungsbeschwerde ist begründet, soweit die Entscheidung B in verfassungsspezifischer Weise in seinen Grundrechten oder grundrechtsgleichen Rechten verletzt.

Wäre die Zulässigkeit nicht vorgegeben, müssten Sie diese Frage bereits im Rahmen der Beschwerdebefugnis aufwerfen.

I. Prüfungsmaßstab

Fraglich ist bereits, ob der Prüfungsmaßstab **deutsche oder europäische Grundrechte** sind. Grundsätzlich ergibt sich aus Art. 1 Abs. 3, 20 Abs. 3, 93 Abs. 1 Nr. 4a GG, dass das BVerfG die Vereinbarkeit der Anwendung innerstaatlichen Rechts mit dem **Grundgesetz** zu prüfen hat. Etwas anderes könnte sich aus **Art. 51 Abs. 1 S. 1 Hs. 2 GRCh** ergeben. Danach gelten die Grundrechte der GRCh für die Mitgliedstaaten ausschließlich bei der **Durchführung des Rechts der Union**. Hierunter fallen in erster Linie die **Umsetzung und Anwendung von Unionsrecht** durch deutsche Institutionen und Behörden. Im vorliegenden Fall wird jedoch weder eine Richtlinie durch die Legislative in deutsches Recht transformiert noch unmittelbar geltendes Unionsrecht angewendet. Allerdings sind bei der Entscheidung Vorschriften des BDSG einschlägig, die auf die DSRL zurückgehen.

1. Unionsrechtlich determiniert

Darüber hinaus ist allerdings zu berücksichtigen, dass die unionsrechtlichen Vorgaben in den sie umsetzenden mitgliedstaatlichen Vorschriften und den dazu ergehenden gerichtlichen Entscheidungen fortwirken. Eine Durchführung von Unionsrecht liegt deshalb außerhalb der Umsetzungs- und Vollzugskonstellationen auch dort vor, wo das nationale Recht durch entsprechende Vorgaben **vollständig unionsrechtlich determiniert** ist.

In diesen Fällen genießen die **Unionsgrundrechte Anwendungsvorrang vor den deutschen Grundrechten**.

Ob die im konkreten Fall einschlägigen Vorschriften unionsrechtlich determiniert sind oder den mitgliedstaatlichen Gesetzgebern ein Gestaltungsspielraum eingeräumt ist, hängt davon ab, ob die jeweilige Norm des Unionsrechts auf die Ermöglichung von Vielfalt und die Geltendmachung verschiedener Wertungen angelegt ist oder ob sie nur dazu dienen soll, besonderen Sachgegebenheiten hinreichend flexibel Rechnung zu tragen, dabei aber von dem Ziel der gleichförmigen Rechtsanwendung getragen ist. Dabei sind die jeweils in Bezug auf den Fall anzuwendenden Vorschriften in ihrem Kontext zu beurteilen, eine abstrakte und allgemeine Betrachtung des Regelungsbereichs genügt hingegen nicht.

2. Umsetzungsspielraum

Soweit die Zivilgerichte ihre Entscheidungen im Fall der B auf die Vorschriften des BDSG gestützt haben, gehen diese auf die **Datenschutz-Richtlinie** zurück. Bei dem Namen der B handelt es sich um personenbezogene Daten, deren Auslistung sie von G als Suchmaschinenbetreiber begehrt. Diese Situation fällt in den Anwendungsbereich der DSRL. Die Richtlinie gibt dabei eindeutige Vorgaben für das Datenschutzrecht, die von den Mitgliedstaaten **zwingend umzusetzen** sind. Sie beschränkt sich insofern nicht auf eine Mindestharmonisierung, sondern bewirkt eine umfassende Vereinheitlichung der nationalen Rechtsvorschriften über den Schutz personenbezogener Daten.

Lediglich in Form des sog. **Medienprivilegs** aus Art. 9 DSRL ist ausdrücklich eine Abweichung durch mitgliedstaatliche Vorschriften vorgesehen, soweit es sich um die Datenverarbeitung **allein zu journalistischen Zwecken** handelt. B wendet sich jedoch nicht gegen den N-Rundfunk, sondern gegen den Suchmaschinenbetreiber G. Die Listung durch den Suchmaschinenbetreiber ist jedoch keine Datenverarbeitung zu journalistischen Zwecken. Die von B geltend gemachten Ansprüche betrafen daher den mit zwingenden Vorgaben versehenen Bereich. Folglich richtete sich der zivilgerichtliche Rechtsstreit nach Regelungen, die durch das Unionsrecht vollständig determiniert sind. Demzufolge sind die Entscheidungen der Zivilgerichte als Durchführung von Unionsrecht i.S.d. Art. 51 Abs. 1 S. 2 Hs. 2 GRCh anzusehen mit der Folge, dass die Grundrechte der GRCh anwendbar sind. Aufgrund des Anwendungsvorrangs des Unionsrechts hat dies zur Folge, dass die Entscheidungen der Zivilgerichte ausschließlich an den Grundrechten der GRCh gemessen werden.

II. Kontrolldichte des BVerfG

Das BVerfG prüft dabei nicht die richtige Anwendung des einfachen Rechts, sondern ist im Rahmen der Verfassungsbeschwerde auf eine Kontrolle der Beachtung der Grundrechte, hier der Unionsgrundrechte, beschränkt. Demnach prüft es vorliegend weder die richtige Anwendung der Datenschutz-Richtlinie 95/46/EG noch die richtige Auslegung und Anwendung der Vorschriften des BDSG. Zu prüfen ist allein, ob die **Fachgerichte den Grundrechten der GRCh hinreichend Rechnung getragen und zwischen ihnen einen vertretbaren Ausgleich gefunden** haben.

III. Angemessener Ausgleich der Grundrechte

Dementsprechend müssten die Zivilgerichte in den von B initiierten Verfahren die Grundrechte der GRCh erkannt und in einen angemessenen Ausgleich gebracht haben.

1. Anwendbarkeit in Privatrechtsverhältnissen

Dies setzt voraus, dass die Grundrechte der GRCh überhaupt **auf Privatrechtsverhältnisse anwendbar** sind. Denn B wendet sich nicht gegen eine Datenverarbeitung durch Behörden oder andere an die Grundrechte der GRCh gebundenen Organe und Institutionen der Bundesrepublik Deutschland, sondern macht einen Anspruch auf Unterlassung der Datenverarbeitung durch den Suchmaschinenbetreiber G geltend.

Wie die Grundrechte des Grundgesetzes gewährleisten auch die Grundrechte der GRCh nicht nur Schutz im Staat-Bürger-Verhältnis, sondern auch in privatrechtlichen Streitigkeiten. Gerade im Bereich der Datenverarbeitung kollidieren das Recht auf Datenschutz der Betroffenen mit den Rechten Dritter an einer Datenverarbeitung und -veröffentlichung, die sich z.B. aus dem Meinungs- oder Pressegrundrecht ergeben können. Das jeweilige Fachrecht muss derart geschaffen werden, dass es den Ausgleich dieser wiederstreitenden Grundrechtspositionen gewährleistet. Eine Lehre der „mittelbaren Drittwirkung", wie sie das deutsche Recht kennt, wird der Auslegung des Unionsrechts dabei nicht zugrunde gelegt. Im Ergebnis kommt den Unionsgrundrechten für das Verhältnis zwischen Privaten jedoch eine ähnliche Wirkung zu. Die Grundrechte der Charta können einzelfallbezogen in das Privatrecht hineinwirken. Dementsprechend sind die Grundrechte der GRCh auch auf Privatrechtsverhältnisse anwendbar.

Damit prüft das BVerfG erstmalig europäische Grundrechte. Es verweist auf deren unmittelbare Geltung über Art. 51 Abs. 1 Hs. 2 GRCh und stellt fest, dass es Teil der Integrationsverantwortung des BVerfG aus Art. 23 Abs. 1 GG sei, europäischen Grundrechten zu ihrer Wirksamkeit zu verhelfen. Insbesondere dürfe der Grundrechtsschutz im Rahmen der Verfassungsbeschwerde nicht hinter dem Grundrechtsschutz der Fachgerichte zurückbleiben. Insoweit müsse das BVerfG gegenüber den Fachgerichten auch weiterhin seine grundrechtsspezifische Kontrollfunktion wahrnehmen.

2. Einschlägige Grundrechte

Fraglich ist jedoch, **welche Grundrechte der GRCh in die Abwägung eingestellt** werden müssen.

a) Grundrechte der B

Zugunsten der B könnte bei der Beurteilung das **Recht auf Achtung des Privat- und Familienlebens aus Art. 7 GRCh** sowie das **Recht auf Schutz personenbezogener Daten aus Art. 8 GRCh** zu berücksichtigen sein. Art. 7 GRCh begründet das Recht auf Achtung des Privat- und Familienlebens, der Wohnung sowie der Kommunikation, Art. 8 GRCh das Recht auf Schutz personenbezogener Daten. Die Gewährleistungen der Art. 7, 8 GRCh sind eng aufeinander bezogen. **Jedenfalls soweit es um die Verarbeitung personenbezogener Daten geht, bilden diese beiden Grundrechte eine einheitliche Schutzverbürgung**. Das gilt insbesondere für den Schutz Betroffener vor dem Nachweis einer Suchmaschine.

Art. 7, 8 GRCh schützen vor der Verarbeitung personenbezogener Daten und verlangen die Achtung des Privatlebens. Unter personenbezogenen Daten werden dabei alle Informationen verstanden, die eine bestimmte oder bestimmbare natürliche Person betreffen. Demnach ist das Recht auf Achtung des Privatlebens nicht eng zu verstehen und beschränkt sich nicht auf höchstpersönliche oder besonders sensible Sachverhalte. Insbesondere wird die geschäftliche und berufliche Tätigkeit hiervon nicht ausgeschlossen. Damit schützen die Grundrechte die selbstbestimmte Persönlichkeitsentfaltung gegenüber der Datenverarbeitung Dritter. Dementsprechend sind diese Grundrechte zugunsten der B zu berücksichtigen, die infolge ihrer Äußerungen als Geschäftsführerin eines Unternehmens der Datenverarbeitung durch G ausgesetzt ist.

b) Grundrechte des G

Zugunsten des Suchmaschinenbetreibers G könnten die Grundrechte auf **unternehmerische Freiheit nach Art. 16 GRCh** und die **Meinungs- und Informationsfreiheit aus Art. 11 GRCh** zu berücksichtigen sein.

Das Recht auf unternehmerische Freiheit aus Art. 16 GRCh gewährleistet die Verfolgung wirtschaftlicher Interessen durch das Angebot von Waren und Dienstleistungen. Der durch Art. 16 GRCh gewährte Schutz umfasst die Freiheit, eine Wirtschafts- oder Geschäftstätigkeit auszuüben, die Vertragsfreiheit und den freien Wettbewerb. Hierzu gehört auch das Angebot von Suchdiensten.

Allerdings kann Art. 16 GRCh nur dann zugunsten des G berücksichtigt werden, wenn sich G als nicht in der EU ansässiges Unternehmen überhaupt **auf Grundrechte der GRCh berufen** kann. Die Unionsgrundrechte schützen **grundsätzlich nicht nur natürliche, sondern auch juristische Personen**. Für die unternehmerische Freiheit folgt das bereits aus dem Wortlaut, der auf „Unternehmen" abstellt, die typischerweise als juristische Personen organisiert sind. Dem Schutz des Art. 16 GRCh steht auch nicht entgegen, dass G eine juristische Person mit **Sitz außerhalb der europäischen Union** ist. Die Grundrechte der GRCh gelten grundsätzlich für Inländer und Ausländer gleichermaßen und machen insoweit auch für juristische Personen keinen Unterschied. Folglich kann zugunsten der G das Grundrecht aus Art. 16 GRCh berücksichtigt werden.

Für die zusätzliche Berücksichtigung des Rechts auf Meinungs- und Informationsfreiheit aus Art. 11 GRCh spricht zwar, dass die von G angebotenen Suchdienste und die von ihm hierfür verwendeten Mittel zur Aufbereitung der Suchergebnisse nicht inhaltsneutral sind, sondern auf die Meinungsbildung der Nutzer erheblichen Einfluss haben können. Jedoch bezwecken die Suchdienste nicht die Verbreitung bestimmter Meinungen. Sie sind vielmehr lediglich darauf ausgerichtet, potenzielle Interessen der Nutzer unabhängig von bestimmten Meinungen möglichst weitgehend zu befriedigen und so seine Dienstleistung im wirtschaftlichen Interesse des Unternehmens möglichst attraktiv zu gestalten. Das Recht auf Meinungs- und Informationsfreiheit ist folglich nicht einschlägig.

c) Grundrechte Dritter

Soweit in einem Rechtsstreit zwischen einem von der Datenverarbeitung Betroffenen und einem Suchmaschinenbetreiber auf Auslistung notwendig zugleich über eine in der Auslistung liegende **Einschränkung von Grundrechten Dritter** mitentschieden wird, müssen diese ebenfalls berücksichtigt und in die Prüfung einbezogen werden. Sofern der auf die B verweisende Beitrag ausgelistet wird, kann die Veröffentlichung des N-Rundfunks in Form des Transkripts des mit B geführten Interviews zumindest nicht mehr über die Suchmaschine, sondern nur noch über die

Homepage des N-Rundfunks aufgefunden werden. Insoweit wird die Verbreitung eingeschränkt, die als Teil der **Meinungs- und Medienfreiheit des N-Rundfunks aus Art. 11 GRCh** geschützt ist. Der freie Zugang zu Informationen wird zudem für die **Internetnutzer** aus Art. 11 GRCh als Recht auf freie Information verbürgt. Auch dieses Recht ist bei der Abwägung zu berücksichtigen. Für die Beurteilung des Schutzbegehrens gegenüber einem Suchmaschinenbetreiber kommt es danach auf eine umfassende Abwägung der sich gegenüberstehenden Grundrechte der durch den Nachweis betroffenen Person und des Suchmaschinenbetreibers an, einschließlich der Grundrechte des Inhaltsanbieters und des Informationsinteresses der Öffentlichkeit.

3. Ordnungsgemäße Abwägung

Diese Abwägung müsste von den Zivilgerichten im Rahmen der Entscheidungen über einen Auslistungsanspruch der B ordnungsgemäß vorgenommen worden sein. Insoweit haben die Gerichte richtigerweise erkannt, dass es sich bei der Listung durch G um die Verarbeitung personenbezogener Daten handelt, gegen die Unterlassungs- und Löschungsansprüche bestehen können.

a) Betroffenheit in Sozialsphäre

Fraglich ist jedoch, ob sie die Betroffenheit der B richtigerweise der **Sozialsphäre** zugeordnet haben. Die Auffindbarkeit und Zusammenführung von Informationen mittels namensbezogener Suchabfragen führt heute dazu, dass für deren Auswirkungen zwischen Privat- und Sozialsphäre kaum mehr zu unterscheiden ist. Tragfähig legen das Landgericht und darauf aufbauend auch die Berufungs- und Revisionsinstanz demgegenüber dar, dass es sich bei dem Beitrag über die praktische Wirksamkeit des Kündigungsschutzes um ein Thema von allgemeinem Interesse handelt. Der Beitrag bezieht sich auf ein in die Gesellschaft hineinwirkendes Verhalten der B und des von ihr geführten Unternehmens, nicht aber allein auf ihr Privatleben und ist im Hinblick hierauf durch ein noch fortdauerndes, wenn auch mit der Zeit abnehmendes Informationsinteresse gerechtfertigt. Diesbezüglich muss die B belastende Wirkungen weitergehend hinnehmen als gegenüber Beiträgen über ihr privates Verhalten. Die Ausführungen der Zivilgerichte hält sich dementsprechend im fachgerichtlichen Wertungsrahmen.

b) Bedeutung der Zustimmung

Die Abwägung der Zivilgerichte könnte aber deshalb fehlerhaft sein, weil sie die **Zustimmung zur Veröffentlichung** berücksichtigt haben. Insoweit kommt es bei der Beurteilung der Bedeutung einer solchen Zustimmung auf die Umstände an, unter denen sie erteilt wird. Die B erteilte die Einwilligung in die Verwendung des Beitrags ohne unzumutbaren Druck als bewussten Schritt in die Öffentlichkeit und wurde dabei von den Journalisten weder getäuscht noch überrumpelt. Dementsprechend war die Einwilligung wirksam und konnte von den Zivilgerichten bei der Abwägungsentscheidung berücksichtigt werden.

c) Titel des Beitrag als Schmähung

Allerdings könnten die Zivilgerichte zu Unrecht davon ausgegangen sein, dass es sich bei der Bezeichnung durch den N-Rundfunk nicht um eine **Schmähung** handelt. Eine solche kommt nur in Betracht, wenn es ohne Sachbezug allein um die Verunglimpfung der Person geht. Auch wenn der Titel „Die fiesen Tricks der Arbeitgeber" im Rahmen eines personenbezogenen Suchnachweises ein negatives Bild der B hervorrufen mag, liegt hierin ersichtlich keine von vornherein unzulässige Schmähung. Vielmehr steht der Beitrag in unmittelbarem Zusammenhang mit einer Auseinandersetzung der B als Geschäftsführerin einer Arbeitgeberin mit der Belegschaft. Der Beitrag unterfällt als Werturteil der Meinungsfreiheit, sodass über die Rechtmäßigkeit der Äußerung im Wege der Abwägung zu entscheiden ist. Soweit die Zivilgerichte dabei die Verbreitung des Beitrags einschließlich der Benennung persönlicher Verantwortlichkeit unter den Bedingungen des Internets grundsätzlich für gerechtfertigt halten, ist dies aus Sicht der Grundrechte nicht zu beanstanden.

d) Berücksichtigung der vergangenen Zeit

Darüber hinaus haben die Zivilgerichte auch den **Zeitfaktor** hinreichend berücksichtigt. Zwar kann mit fortdauernder Zeit eine ursprünglich berechtigte Berichterstattung unberechtigt werden. Allerdings sind seit dem Interview vorliegend lediglich sechs Jahre vergangen. Zudem betrifft das Interview mit dem Schutz vor vermeintlich unberechtigten Kündigungen ein Thema, das nach wie vor im Interesse der Öffentlichkeit steht. Hinzu kommt, dass die B selbst bewusst den Schritt in die Öffentlichkeit gesucht hat. Nach diesen Umständen sind die Zivilgerichte zu Recht davon ausgegangen, dass zumindest zum Entscheidungszeitpunkt noch kein Löschungsanspruch unter dem Gesichtspunkt des Zeitablaufs besteht. Abwägungsfehler sind demzufolge nicht ersichtlich. Weitergehende grundrechtliche Interessen des N-Rundfunks als Inhaltsanbieter sowie das Informationsinteresse der Öffentlichkeit waren nicht zu berücksichtigen, da dem Begehren der B auf Auslistung bereits nach einer Abwägung ihrer Interessen mit denen des Suchmaschinenanbieters nicht zu entsprechen war. Mangels Auslistung waren das Veröffentlichungsinteresse des N-Rundfunks sowie das Informationsinteresse der Öffentlichkeit durch die Entscheidung nicht betroffen.

4. Vorlagepflicht

Fraglich ist letztlich, ob das BVerfG **ohne vorherige Befassung des Gerichtshofs der Europäischen Union** über die Verfassungsbeschwerde entscheiden darf. Zwar bindet Art. 51 Abs. 1 S. 1 Hs. 2 GRCh nicht nur die Mitgliedstaaten selbst, sondern auch alle Organe, Einrichtungen oder sonstigen Stellen der Mitgliedstaaten, wozu auch die mitgliedstaatlichen Gerichte gehören. Gleichwohl obliegt dem Gerichtshof der Europäischen Union nach Art. 19 Abs. 1 UAbs. 1 S. 2 EUV, Art. 267 AEUV die letztverbindliche Auslegung des Unionsrechts. Das BVerfG muss seine Rechtsprechung deshalb **in enger Kooperation** mit dem Gerichtshof der Europäischen Union ausüben und ist als insoweit innerstaatlich letztinstanzliches Gericht i.S.d. Art. 267 Abs. 3 AEUV zur Vorlage an den Gerichtshof verpflichtet.

Allerdings erkennt der Gerichtshof selbst **Ausnahmen von der Vorlagepflicht** an, bei denen eine Entscheidung der nationalen Gerichte auch ohne vorherige Befassung des Gerichtshofs möglich ist. Hier könnte ein sog. acte éclairé vorliegen. Im Hinblick auf die vom BVerfG vorgenommene Auslegung der Art. 7, 8, 11, 16 GRCh konnte sich das Gericht auf die Auslegung dieser Grundrechte in vergleichbaren Fällen von Rechtsstreitigkeiten zwischen Betroffenen und Suchmaschinenbetreibern stützen. Von den Rechtsprechungsgrundsätzen des Gerichtshofs der Europäischen Union ist das BVerfG insoweit nicht abgewichen. Einer erneuten Vorlage an den Gerichtshof bedurfte es deshalb nicht, das BVerfG konnte auch ohne vorherige Durchführung eines Vorabentscheidungsverfahrens urteilen.[6]

Ergebnis: Die zulässige Verfassungsbeschwerde ist unbegründet.

6 BVerfG NJW 2020, 300 ff., 314 ff.

2. Teil: Rechtsquellen des Unionsrechts

1. Abschnitt: Rechtsetzung der EU

Fall 3: Tabakwerbung

Mit der vom Europäischen Parlament und Rat verabschiedeten Richtlinie 2024/33/EU beabsichtigt der europäische Gesetzgeber die Angleichung der Rechts- und Verwaltungsvorschriften der Mitgliedstaaten über Werbung und Sponsoring zugunsten von Tabakerzeugnissen. Die Richtlinie enthält u.a. folgende Vorschriften:

Art. 3

(1) Werbung in der Presse und anderen gedruckten Veröffentlichungen ist auf Veröffentlichungen zu beschränken, die ausschließlich für im Tabakhandel tätige Personen bestimmt sind, sowie auf Veröffentlichungen, die in Drittländern gedruckt und herausgegeben werden, sofern diese Veröffentlichungen nicht hauptsächlich für den Binnenmarkt bestimmt sind.

(2) Werbung, die in der Presse und anderen gedruckten Veröffentlichungen nicht erlaubt ist, ist in Diensten der Informationsgesellschaft ebenfalls nicht erlaubt.

Art. 4

(1) Alle Formen der Rundfunkwerbung für Tabakerzeugnisse sind verboten.

(2) Rundfunkprogramme dürfen nicht von Unternehmen gesponsert werden, deren Haupttätigkeit die Herstellung oder der Verkauf von Tabakerzeugnissen ist.

In den Begründungserwägungen der Richtlinie wird zutreffend ausgeführt, dass durch die bislang unterschiedlichen Regelungen in den Mitgliedstaaten bereits Hemmnisse für den freien Verkehr von Waren und Dienstleistungen aufgetreten seien und auch im Rahmen des Sponsorings bei einigen größeren Sportveranstaltungen Wettbewerbsverzerrungen erkennbar geworden seien. Gerade vor dem Hintergrund, dass durch Online-Werbung ein grenzüberschreitender Bezug hergestellt werde, bedürfe es einer unionsweit einheitlichen Regelung.

Die Bundesregierung ist nicht gewillt, die Richtlinie in nationales Recht umzusetzen. Sie ist der Auffassung, der Union stünde für eine derartige Regelung keine geeignete Rechtsgrundlage zur Verfügung. Es fehle bereits am grenzüberschreitenden Bezug, da die weit überwiegende Anzahl von Presseerzeugnissen lediglich lokal oder regional vertrieben werde. Presseerzeugnisse seien darüber hinaus nur selten Gegenstand des Handels zwischen den Mitgliedstaaten, sodass es auch zu keinen Handelshemmnissen komme.

Ist die Auffassung der Bundesregierung korrekt? Bei der Begutachtung ist auf Art. 168 AEUV nicht einzugehen.

Die Auffassung der Bundesregierung ist korrekt, wenn die Richtlinie mangels Rechtsetzungskompetenz der EU nicht hätte erlassen werden dürfen. Die Kompetenz der Union zum Erlass der Richtlinie könnte sich hier aus **Art. 114 Abs. 1 AEUV** ergeben.

I. Handelshemmnisse oder spürbare Wettbewerbsverzerrungen

Diese Prüfungskonstellation kann Ihnen auch in der Gestalt einer Nichtigkeitsklage vor dem Gerichtshof begegnen! Zu dem Verfahren nach Art. 263 AEUV siehe unten Fall 24!

Durch Art. 114 Abs. 1 S. 2 AEUV sind das Europäische Parlament und der Rat ermächtigt, im Rahmen eines ordentlichen Gesetzgebungsverfahrens Maßnahmen zur Angleichung der Rechts- und Verwaltungsvorschriften der Mitgliedstaaten zu treffen, welche die Errichtung und das Funktionieren des **Binnenmarktes** zum Gegenstand haben. Dies ist wiederum der Fall, wenn Handelshemmnisse oder spürbare Wettbewerbsverzerrungen vorliegen, die den Binnenmarkt beeinträchtigen oder zumindest seine Verwirklichung konkret gefährden und die Richtlinie die Beseitigung oder Vermeidung dieser Entwicklungen bezweckt.

1. Hemmnisse des Binnenmarktes

Zunächst müsste festgestellt werden, dass Unterschiede in den Rechts- und Verwaltungsvorschriften der Mitgliedstaaten bestehen, die geeignet sind, die Grundfreiheiten zu beeinträchtigen und sich auf diese Weise unmittelbar auf das Funktionieren des Binnenmarktes auszuwirken.

Wie die Begründungserwägungen der Richtlinie zutreffend feststellen, existieren in den einzelnen Mitgliedstaaten der Europäischen Union **unterschiedliche Rechts- und Verwaltungsvorschriften** hinsichtlich des Umgangs mit Tabakwerbung im Rahmen von Veröffentlichungen der Presse und im Rahmen der Internetwerbung. Diese Unterschiede müssten sich negativ auf die **Funktionsfähigkeit des Binnenmarkts** ausgewirkt haben.

a) Auswirkung auf Presseerzeugnisse

Da die unterschiedlichen Medien von Natur aus einen unterschiedlichen Verbreitungsgrad haben, muss zwischen ihnen differenziert werden.

Fraglich ist zunächst, ob sich die unterschiedlichen mitgliedstaatlichen Regelungen entsprechend auf **Presseerzeugnisse** auswirken.

aa) Grenzüberschreitender Handel

Durch die Unterschiede wird der Binnenmarkt nur dann tangiert, wenn sich die betreffenden Vorschriften nicht lediglich auf den mitgliedstaatlichen Wirtschaftsbereich auswirken, sondern den **grenzüberschreitenden Handel** betreffen.

(1) Nicht nur lokaler und regionaler Vertrieb

Insofern stellt sich die Bundesregierung auf den Standpunkt, dass gerade Presseerzeugnisse lediglich lokal oder regional vertrieben würden, sodass kein grenzüberschreitender Bezug bestehen würde. Dagegen spricht jedoch, dass die Veräußerung und der Vertrieb von Zeitungen, Zeitschriften und Magazinen auch in andere Mitgliedstaaten rein tatsächlich erfolgt und insbesondere nicht auf die Staaten beschränkt ist, in denen dieselbe Sprache gesprochen wird. Gerade in Urlaubsländern wird eine Vielzahl von Presseerzeugnissen ausgeliefert und verkauft, um den Urlaubern die Möglichkeit zu geben, auf heimische Erzeugnisse zwecks Information zurückzugreifen. Dabei findet eine Veräußerung nicht nur an Personen des Her-

In den diesem Fall zugrunde liegenden Entscheidungen stellt der Gerichtshof fest, dass sich in bestimmten Fällen sogar mehr als die Hälfte der im Verkehr befindlichen Veröffentlichungen eines Erzeugnisses im internationalen Handel befinden.[7]

7 EuGH NVwZ 2007, 56 *Tabakwerbeverbotsrichtlinie II*.

kunftslandes des Erzeugnisses nach vorheriger Identitätsprüfung statt; vielmehr befinden sich diese Erzeugnisse im freien Wirtschaftsverkehr.

(2) Vertrieb via Internet

Für eine Auswirkung auf den Binnenmarkt spricht weiterhin, dass der Vertrieb dieser Erzeugnisse über das Internet eine sehr große Rolle spielt. Dieser Umstand erlaubt es, die in anderen Mitgliedstaaten verbreiteten Veröffentlichungen unmittelbar und in Echtzeit abzurufen. Dabei kann dieser Abruf aufgrund des einheitlichen Zugangs von jeder Position der Welt aus erfolgen.

Entgegen der Bedenken der Bundesregierung ist demzufolge der grenzüberschreitende Handel durch die unterschiedlichen Regelungen der Mitgliedstaaten betroffen.

bb) Negative Auswirkung der Regelung

Darüber hinaus müssten die mitgliedstaatlichen Regelungen geeignet sein, sich **negativ auf den Binnenmarkt auszuwirken**. Dies ist im Hinblick auf Presse und Rundfunkerzeugnisse in Bezug auf Tabakwerbung insbesondere dann der Fall, wenn sich aus den Regelungen eine Behinderung des freien Waren- und des freien Dienstleistungsverkehrs ergeben kann.

An dieser Stelle überträgt der EuGH seine Grundsätze aus der Keck-Formel zur Warenverkehrsfreiheit (vgl. dazu Fall 7).

(1) Beeinträchtigung des Marktzugang

Zum einen ist es denkbar, dass unterschiedliche Regelungen in den Mitgliedstaaten über die Möglichkeit der Veröffentlichung von Tabakwerbung in Presseerzeugnissen den **Marktzugang** für Erzeugnisse aus anderen Mitgliedstaaten stärker behindern als für inländische Erzeugnisse. Auf diese Weise wird der freie **Warenverkehr** zwischen den Mitgliedstaaten im Hinblick auf die beworbenen Produkte, in diesem Fall Tabakwaren, beeinträchtigt, da diese in den Mitgliedstaaten mit Werbeverbot nicht bekannt gemacht werden können.

(2) Beeinträchtigung des Warenverkehrs durch unterschiedliche rechtliche Bewertung

Eine Beeinträchtigung der Warenverkehrsfreiheit kann sich überdies aus der unterschiedlichen rechtlichen Situation für die Presseerzeugnisse selbst ergeben. Denn sofern Presseerzeugnisse Werbung für Tabakprodukte enthalten, da ihnen diese Werbung in dem Mitgliedstaat, in dem sie produziert werden, erlaubt ist, besteht gleichwohl ein rechtliches Hindernis für den Handel mit diesen Presseerzeugnissen in den Mitgliedstaaten, in denen entsprechende Werbung gesetzlich untersagt ist. Dies hat zur Folge, dass die solche Werbung enthaltenen Presseerzeugnisse in diesen Mitgliedstaaten nicht veräußert oder vertrieben werden dürfen, ohne gegen rechtliche Vorgaben zu verstoßen. Damit ergibt sich ein weiteres Handelshemmnis.

Dieses Handelshemmnis wirkt sich dabei sogar auf solche Presseerzeugnisse aus, die auf einem lokalen, regionalen oder nationalen Markt vertrieben werden und die, sei es auch nur ausnahmsweise oder in kleinen Mengen, in den anderen Mitgliedstaaten verkauft werden.

(3) Beeinträchtigung der Dienstleistungsfreiheit

Darüber hinaus ist zu berücksichtigen, dass es den Unternehmen, die Presseerzeugnisse vertreiben und in Mitgliedstaaten ansässig sind, die in ihrem nationalen Recht ein Verbot von Tabakwerbung vorsehen, unmöglich ist, Werbetreibenden aus anderen Mitgliedstaaten Werberaum in ihren Veröffentlichungen anzubieten. Hierdurch wird das grenzüberschreitende Angebot von Dienstleistungen beeinträchtigt, sodass sich die unterschiedlichen nationalen Regelungen zudem als Einschränkung der **Dienstleistungsfreiheit** erweisen.

Aus den unterschiedlichen Regelungen folgt damit eine negative Beeinträchtigung des Binnenmarktes hinsichtlich der Presseerzeugnisse.

b) Auswirkung auf Rundfunksendungen und Onlinediensten

Dieselben Auswirkungen könnten hinsichtlich der Werbung für Tabakwaren in **Rundfunksendungen** und in den **Diensten der Informationsgesellschaft** bestehen.

aa) Grenzüberschreitender Bezug

Es liegt dabei in der Natur der Sache, dass beide Medien einen grenzüberschreitenden Bezug aufweisen. Schon die Verbreitung von Rundfunk über terrestrische Wellen endet nicht an der Grenze eines Mitgliedstaates, sondern reicht über diese hinaus. Diese Einschätzung wird noch dadurch verstärkt, dass immer mehr Fernsehprogramme international über Satellit zu empfangen sind. Das Internet ermöglicht es ebenso, aus jedem Mitgliedstaat auf alle Inhalte zuzugreifen. Dieser Umstand ermöglicht es Unternehmen, die Tabak herstellen und vermarkten, Marketingstrategien zur Erweiterung ihres Kundenkreises außerhalb des Mitgliedstaates, von dem sie ausgehen, zu entwickeln.

Dies gilt vor allem vor dem Hintergrund, dass mit der Richtlinie 89/442/EG jede Form der Fernsehwerbung für Zigaretten und andere Tabakerzeugnisse untersagt war. Es steht zu besorgen, dass die Unterschiede zwischen den nationalen Regelungen über die Tabakwerbung in Rundfunksendungen und Diensten der Informationsgesellschaft geeignet sind, eine mögliche **Umgehung** dieses Verbotes durch den Einsatz dieser beiden Medien zu fördern.

bb) Negative Auswirkung

Vor dem Hintergrund, dass das Bewusstsein der Bevölkerung hinsichtlich der negativen Auswirkungen des Tabakkonsums steigt, ist zudem davon auszugehen, dass einzelne Mitgliedstaaten, in denen die Bewerbung derartiger Produkte in Rundfunk und Internet noch erlaubt ist, ihre Vorschriften verschärfen. Dementsprechend ist es sehr wahrscheinlich, dass sich daraus neue Hemmnisse für den Handelsverkehr und den freien Dienstleistungsverkehr ergeben, sodass zumindest eine **beträchtliche Gefahr von Wettbewerbsverzerrungen** besteht.

Auch hinsichtlich der Rundfunkerzeugnisse und der Dienste der Informationsgesellschaft liegen demnach den Binnenmarkt beeinträchtigende Unterschiede infolge der unterschiedlichen Vorschriften vor.

Hier müssen Sie die einzelnen Regelungen der Richtlinie getrennt voneinander untersuchen, da jede Regelung die genannten Anforderungen für sich genommen erfüllen muss!

2. Ausräumung oder Vorbeugung der Hemmnisse

Eine Harmonisierung der Rechtsvorschriften kann jedoch nur dann auf Art. 114 Abs. 1 AEUV gestützt werden, wenn die Art. 3 und 4 der Richtline 2024/33/EU **bezwecken**, die **Hemmnisse** für den freien Waren- und Dienstleistungsverkehr **auszuräumen** oder ihnen **vorzubeugen** oder aber **Wettbewerbsverzerrungen zu beseitigen**.

a) Durch Art. 3 Abs. 1 der Richtlinie

Die einheitliche, durch Art. 3 Abs. 1 der Richtlinie angeordnete Verbotsmaßnahme für beinahe alle Erzeugnisse soll verhindern, dass nationale Regelungen dieses oder jenes Mitgliedstaates den innergemeinschaftlichen Verkehr von Presseerzeugnissen behindern. Es werden unmittelbar die rechtlichen Schranken, die mit entsprechenden Verboten einhergehen, ausgeräumt, da alle Erzeugnisse gleichermaßen auf entsprechende Werbung verzichten müssen und sich damit in jedem Mitgliedstaat im freien Handel befinden können.

b) Durch Art. 3 Abs. 2 und Art. 4 Abs. 1 der Richtlinie

Die Art. 3 Abs. 2 und Art. 4 Abs. 1 der Richtlinie, die die Werbung für Tabakerzeugnisse in den Diensten der Informationsgesellschaft und in Rundfunksendungen verbieten, dienen dem Zweck, die freie Verbreitung dieser Rundfunksendungen und den freien Verkehr der in den Diensten der Informationsgesellschaft verbreiteten Kommunikationen zu fördern, indem sie bisherige Unterschiede in den Rechtsordnungen der einzelnen Mitgliedstaaten beseitigen.

c) Durch Art. 4 Abs. 2 der Richtlinie

Letztlich soll Art. 4 Abs. 2 der Richtlinie durch das Verbot des Sponsorings von Rundfunkprogrammen durch Unternehmen, deren Haupttätigkeit die Herstellung oder der Verkauf von Tabakerzeugnissen ist, ebenso verhindern, dass der freie Dienstleistungsverkehr durch nationale Regelungen dieses oder jenes Mitgliedstaates behindert wird.

Die Vorschriften haben damit tatsächlich zum Ziel, die Bedingungen für das Funktionieren des Binnenmarktes zu verbessern. Sie konnten damit grundsätzlich auf Art. 114 Abs. 1 AEUV gestützt werden.

Anders als in der diesem Fall zugrunde liegenden Entscheidung ist eine Abgrenzung zum Gesundheitsschutz in Art. 168 AEUV nicht mehr erforderlich, da die zum Zeitpunkt dort verankerte Bereichsausnahme für den Gesundheitsschutz heute nicht mehr gilt (vgl. Bearbeitervermerk)!

II. Bereichsausnahme, Art. 114 Abs. 2 AEUV

Da die vorliegende Richtlinie weder Bestimmungen über Steuern oder die Freizügigkeit noch Bestimmungen über die Rechte und Interessen der Arbeitnehmer enthält, greift die Bereichsausnahme des Art. 114 Abs. 2 AEUV nicht ein.

III. Schranke

Die Möglichkeit zur Rechtsharmonisierung ist dem Unionsrechtsgeber jedoch **nicht schrankenlos** gewährleistet. Es sind vielmehr die sich aus den Grundrechten, den Grundfreiheiten, dem Verhältnismäßigkeitsgrundsatz und dem Subsidiaritätsgrundsatz ergebenden Grenzen der Rechtsetzungskompetenz zu beachten.[8]

8 Tietje in: Grabitz/Hilf/Nettesheim, Art. 114 Rn. 46.

Hier ist lediglich fraglich, ob die Union bei der Entschließung zur Rechtsangleichung den **Grundsatz der Verhältnismäßigkeit** gewahrt hat. Der Grundsatz der Verhältnismäßigkeit, der zu den allgemeinen Grundsätzen des Unionsrechts gehört und in Art. 5 Abs. 1 S. 2 EUV seinen Niederschlag gefunden hat, verlangt, dass die von einer Unionsbestimmung eingesetzten Mittel zur Erreichung des angestrebten Ziels geeignet sind und nicht über das dazu Erforderliche hinausgehen. Bei der Überprüfung ist aber zu berücksichtigen, dass der Gerichtshof dem Unionsrechtsgeber ein **weites Ermessen** zubilligt, wenn von ihm wie hier politische, wirtschaftliche und soziale Entscheidungen verlangt werden und in dem er komplexe Beurteilungen vorzunehmen hat. Eine in diesem Bereich erlassene Maßnahme kann deshalb nur dann rechtswidrig sein, wenn sie zur Erreichung des von den zuständigen Organen verfolgten Ziels **offensichtlich ungeeignet** ist.

Hiergegen spricht bereits, dass Art. 114 Abs. 3 AEUV den Unionsrechtsgeber verpflichtet, ein hohes Schutzniveau hinsichtlich des Gesundheitsschutzes zu erreichen. Dieser ist vor dem Hintergrund des Tabakwerbeverbotes zumindest mitbetroffen und streitet für eine Rechtsvereinheitlichung auf diesem Gebiet. Hinzu kommt, dass die Art. 3 und 4 der Richtlinie nicht über das erforderliche Maß hinausgehen, da sie eine Ausnahme für das Verbot der Werbung in gedruckten Veröffentlichungen für die Werke vorsehen, die für im Tabakhandel tätige Personen bestimmt sind oder die in Drittländern herausgegeben werden und nicht hauptsächlich für den Gemeinschaftsmarkt bestimmt sind. Der Grundsatz der Verhältnismäßigkeit ist folglich gewahrt.

Da die Bundesregierung nunmehr verpflichtet ist, die Vorgaben der Richtlinie in nationales Recht umzusetzen, bleibt ihr nur noch die Möglichkeit geringer Abweichungen nach Art. 114 Abs. 4 und 5 AEUV.

Ergebnis: Die Richtlinie konnte entgegen der Auffassung der Bundesregierung auf Art. 114 Abs. 1 AEUV gestützt werden.

2. Abschnitt: Wirkung von Richtlinien

Fall 4: Richtlinienkonforme Auslegung

Die M-GmbH betreibt Mobilfunknetze. Die von ihr erhobenen Verbindungsentgelte unterliegen nach dem Telekommunikationsgesetz (TKG) der Genehmigung durch die Bundesnetzagentur (B). Als M für den Zeitraum ab dem 01.12. die Genehmigung neuer Verbindungsentgelte beantragte, erteilte ihr B formell ordnungsgemäß keine endgültige, sondern nur eine vorläufige Genehmigung. B stützt die Entscheidung auf § 207 TKG. In der Begründung führt B aus: Da § 207 TKG die Voraussetzungen für den Erlass einer vorläufigen Genehmigung nicht regele, habe sie sich an den für die einstweilige Anordnung nach § 123 VwGO geltenden Grundsätzen orientiert. Der demnach erforderliche Anordnungsanspruch bestehe, da der Entgeltanspruch der M für den neuen Zeitraum – was zutrifft – berechtigt sei. Es bestehe auch ein Anordnungsgrund für eine vorläufige Regelung, da diese aus sachlichen Gründen geboten sei. Die B sei verpflichtet, aufgrund der Regelungen der Richtlinie 2002/21/EG ein sog. Konsolidierungsverfahren durchzuführen, bevor sie eine endgültige Genehmigung erteile. Das Verfahren diene dazu, Erkenntnisse über die für die Genehmigungsentscheidung maßgebenden Umstände zu gewinnen. Eine entsprechende Verpflichtung habe auch der Gerichtshof – was zutrifft – in einer Entscheidung zu den Entgeltgenehmigungen bejaht.

M verweist demgegenüber darauf, dass die §§ 12, 13 TKG eine abschließende Aufzählung der Genehmigungen enthielte, vor deren Erteilung ein Konsolidierungsverfahren durchzuführen sei. Die Entgeltgenehmigung sei hier jedoch – was ebenfalls zutrifft – nicht aufgeführt. M gibt darüber hinaus korrekt die Gesetzesbegründung wieder, mit der die §§ 12, 13 TKG eingeführt worden sind. Danach diente die Gesetzesänderung der Umsetzung der Richtlinie 2002/21/EG und enthalte abschließende Vorgaben für das Konsolidierungsverfahren. Die B könne sich deshalb nicht unter Berufung auf die Richtlinie über sie bindendes nationales Recht hinwegsetzen.

Ist die vorläufige Entscheidung rechtmäßig?

§ 207 TKG:

Die Bundesnetzagentur kann bis zur endgültigen Entscheidung vorläufige Anordnungen treffen.

Die vorläufige Entgeltgenehmigung ist rechtmäßig, wenn sie auf einer ausreichenden Ermächtigungsgrundlage beruht und sowohl formell als auch materiell rechtmäßig ist.

I. Ermächtigungsgrundlage

Die Vorschrift enthält eine spezialgesetzliche Ermächtigung zum Erlass vorläufiger Verwaltungsakte.

Ermächtigungsgrundlage für den Erlass der vorläufigen Genehmigung war **§ 207 TKG.** Danach kann die B bis zur endgültigen Entscheidung vorläufige Anordnungen treffen.

II. Formelle Rechtmäßigkeit

Die vorläufige Genehmigung war formell rechtmäßig.

III. Materielle Rechtmäßigkeit

Materiell rechtmäßig erging die Genehmigung jedoch nur, wenn die Voraussetzungen für den Erlass einer vorläufigen Anordnung vorlagen. Da § 207 TKG selbst die Voraussetzungen für den Erlass der vorläufigen Anordnung regelt, können die zu § 123 VwGO entwickelten Grundsätze herangezogen werden. Deshalb erfordert der Erlass einer vorläufigen Anordnung neben der hinreichenden Wahrscheinlichkeit, dass eine entsprechende Hauptsacheentscheidung ergehen wird (Anordnungsanspruch), zusätzlich einen Anordnungsgrund, der darin liegt, dass der Erlass der vorläufigen Regelung im besonderen Interesse oder im überwiegenden Interesse Privater zur Abwendung schwerer Nachteile geboten ist.

1. Anordnungsanspruch

Der Anordnungsanspruch ergibt sich daraus, dass der Entgeltanspruch der M jedenfalls in der vorläufig genehmigten Höhe berechtigt war.

2. Anordnungsgrund

Ein Anordnungsgrund besteht, wenn der Erlass der vorläufigen Regelung aus sachlichen Gründen geboten, d.h. **erforderlich** ist. Ohne die Erteilung irgendeiner Genehmigung wäre ab dem 01.12. ein **entgeltloser Zustand** eingetreten, der zu erheblichen Verwerfungen auf dem Telekommunikationsmarkt hätte führen können. Folglich war die Erteilung zumindest der vorläufigen Genehmigung grundsätzlich geboten. Allerdings wäre die Erteilung einer nur vorläufigen Genehmigung nicht erforderlich gewesen, wenn der M eine **endgültige Genehmigung** hätte erteilt werden können. Dies ist der Fall, wenn entgegen der Auffassung der B **kein Konsolidierungsverfahren** vor der Erteilung der Genehmigung durchgeführt werden musste.

a) Konsolidierungsverfahren im nationalen Recht

Die **§§ 12, 13 TKG** regeln insoweit zwar die Fälle, in denen die B ein solches Konsolidierungsverfahren durchführen muss. Allerdings ist die Erteilung einer Entgeltgenehmigung von den Vorschriften nicht erfasst. Folglich existiert **keine nationale Rechtsgrundlage** für die Durchführung des Konsolidierungsverfahrens. Dies spricht dafür, dass die B eine endgültige Genehmigung hätte erteilen können.

b) Konsolidierungsverfahren im Unionsrecht

Dabei bliebe jedoch unberücksichtigt, dass die **Richtlinie 2002/21/EG** vorschreibt, dass auch bei der Entgeltgenehmigung ein Konsolidierungsverfahren durchzuführen ist. Dementsprechend könnten sich das Recht und die Pflicht zur Durchführung dieses Verfahrens aus dem **Unionsrecht** ergeben.

aa) Wirkung der Richtlinie

Allerdings ist die Richtlinie lediglich für die Mitgliedstaaten verbindlich (vgl. Art. 288 Abs. 3 AEUV) und entfaltet deshalb – anders als die Verord-

Zur ausnahmsweise unmittelbaren Wirkung von Richtlinien nach Ablauf der Umsetzungsfrist und Vorliegen eines Umsetzungsfehlers siehe unten Fall 5.

nung – **keine unmittelbare Wirkung**. Durch sie wird das Rechtsverhältnis zwischen M und B deshalb nicht direkt geregelt.

bb) Berücksichtigung durch richtlinienkonforme Auslegung

Bliebe die Richtlinie allerdings völlig unberücksichtigt, könnten die Mitgliedstaaten bei der Umsetzung der Richtlinien in nationales Recht abweichen, ohne dass dies in einem Prozess Folgen für sie hätte. Der Verstoß gegen die Verpflichtung zur Herbeiführung eines richtlinienkonformen Zustandes des nationalen Rechts, die sich aus Art. 288 Abs. 3 AEUV, Art. 4 Abs. 3 UAbs. 2 EUV ergibt, bliebe zumindest zunächst ohne Auswirkung. Dies könnte sich jedoch durch eine **richtlinienkonforme Auslegung** des nationalen Rechts vermeiden lassen. Aus Art. 288 Abs. 3 AEUV folgt dementsprechend nicht nur die Pflicht der Mitgliedstaaten zur Umsetzung der Richtlinien, sondern auch die Pflicht der nationalen Gerichte, bei der Anwendung des innerstaatlichen Rechts, insbesondere einer speziell zur Umsetzung der Vorgaben einer Richtlinie erlassenen Regelung, das innerstaatliche Recht so weit wie möglich anhand des Wortlauts und des Zweckes dieser Richtlinie auszulegen, um das in ihr festgelegte Ergebnis zu erreichen.[9]

In einer Klausur kann es vorkommen, dass Ihnen diese spezialgesetzlichen Vorschriften abgedruckt werden. Ist dies nicht der Fall, dürfen Sie davon ausgehen, dass die Vorschriften den im Sachverhalt wiedergegebenen Inhalt haben.

(1) Einfache Gesetzesauslegung

Vorliegend lässt sich das Gebot richtlinienkonformer Auslegung im Wege einer **einfachen Gesetzesauslegung** indes nicht umsetzen. Denn in §§ 12, 13 TKG sind die Entscheidungen der B, bei denen das Konsolidierungsverfahren durchzuführen ist, im Einzelnen und abschließend aufgeführt. Dazu gehört das Entgeltgenehmigungsverfahren nach dem eindeutigen Wortlaut des Gesetzes nicht.

(2) Analogie

Der richtlinienkonformen Auslegung könnte jedoch durch eine **analoge Anwendung** der §§ 12, 13 TKG Rechnung getragen werden. Der Grundsatz der richtlinienkonformen Auslegung verlangt insoweit von den nationalen Gerichten **mehr als bloße Auslegung** im engeren Sinne entsprechend dem Verständnis der nationalen Methodenlehre. Er erfordert auch, das nationale Recht, wo dies nötig und nach der nationalen Methodenlehre möglich ist, **richtlinienkonform fortzubilden**, denn insbesondere der Gerichtshof unterscheidet in diesem Zusammenhang nicht zwischen Auslegung und Rechtsfortbildung. Die sich aus dem Vorrang des Gesetzes (Art. 20 Abs. 3 GG) ergebenden verfassungsrechtlichen Grenzen zulässiger Rechtsfortbildung sind erst dann überschritten, wenn der **erkennbare Wille des Gesetzgebers** beiseitegeschoben und durch eine autark getroffene richterliche Abwägung der Interessen ersetzt wird.[10]

(a) Analogievoraussetzung

Eine analoge Anwendung einer Norm ist allerdings grundsätzlich erst dann möglich, wenn die Analogievoraussetzungen vorliegen. Dementsprechend müsste eine planwidrige Regelungslücke vorliegen, die durch die analog anzuwendende Norm aufgrund der vergleichbaren Interessenlage

9 Vgl. EuGH NJW 2004, 3547.

10 BVerwG RÜ 2018, 315, 318.

geschlossen werden kann. Hier könnte es aber bereits an der **planwidrigen Regelungslücke** fehlen. Von einer derartigen Regelungslücke ist auszugehen, wenn der Anwendungsbereich der Norm wegen eines versehentlichen, mit dem Normzweck unvereinbaren Regelungsversäumnisses des Normgebers unvollständig ist und sich aufgrund der gesamten Umstände feststellen lässt, dass der Normgeber die von ihm angeordnete Rechtsfolge auch auf den nicht erfassten Sachverhalt erstreckt hätte, wenn er diesen bedacht hätte.[11] Allerdings hat der deutsche Gesetzgeber bei der Umsetzung der Richtlinie ein Konsolidierungsverfahren lediglich für die in §§ 12, 13 TKG abschließend festgelegten Fälle angeordnet. Das nationale Recht ist folglich nicht lückenhaft, sodass es an den Analogievoraussetzungen fehlt.

(b) Voraussetzungen im Hinblick auf Unionsrecht

Allerdings kann sich die Regelungslücke auch im Vergleich zum **Unionsrecht** ergeben. Eine planwidrige Unvollständigkeit liegt dementsprechend auch dann vor, wenn das ausdrücklich angestrebte Ziel einer richtlinienkonformen Umsetzung durch die Regelung nicht erreicht worden ist und ausgeschlossen werden kann, dass der Gesetzgeber die Regelung in gleicher Weise erlassen hätte, wenn ihm bekannt gewesen wäre, dass sie nicht richtlinienkonform ist. Außer in dem Fall einer **ausdrücklichen Umsetzungsverweigerung** ist der Normzweck unter Berücksichtigung des gesetzgeberischen Willens zu bestimmen, **eine Richtlinie korrekt umzusetzen**. Denn dem Gesetzgeber kann nicht unterstellt werden, dass er sehenden Auges einen Richtlinienverstoß in Kauf nehmen wollte. Die einschlägige Richtlinie dient folglich gleichzeitig als Maßstab der **Lückenfeststellung** und **Lückenschließung**.[12]

Anhaltspunkte für einen bewussten Richtlinienverstoß des nationalen Gesetzgebers bestehen nicht. Aufgrund der nach der Richtlinie vergleichbaren Interessenlage ist daher das Konsolidierungsverfahren bei richtlinienkonformer Auslegung analog § 13 TKG auch im Entgeltgenehmigungsverfahren durchzuführen. Eine endgültige Genehmigung konnte daher zum Zeitpunkt der Entscheidung der B noch nicht erteilt werden.

Die Voraussetzungen für eine vorläufige Anordnung nach § 207 TKG lagen damit vor.

IV. Rechtsfolge

Nach § 207 TKG kann die B eine vorläufige Anordnung treffen, sie hat also grundsätzlich **Ermessen**. In Bezug auf die Entscheidung, den Entgeltantrag der M vor dem Abschluss des Konsolidierungsverfahrens nicht endgültig zu bescheiden, war das Ermessen der B **aufgrund der unionsrechtlichen Vorgaben auf Null reduziert**.[13]

Ergebnis: Die vorläufige Entgeltgenehmigung war folglich rechtmäßig.

11 BVerwG RÜ 2018, 315, 318.

12 BVerwG RÜ 2018, 315, 318.

13 BVerwG RÜ 2018, 315, 318.

Fall 5: Unmittelbare Wirkung von Richtlinien

Um den Arbeitnehmern in der Europäischen Union einen Mindestschutz für den Fall zu gewährleisten, dass deren Arbeitgeber zahlungsunfähig wird, wurde die Richtlinie 2022/39/EU zur Zahlung sog. Insolvenzgeldes erlassen. Diese enthielt u.a. folgende Vorschriften:

Art. 1: (1) Diese Richtlinie gilt für Ansprüche von Arbeitnehmern aus Arbeitsverträgen gegen Arbeitgeber, die zahlungsunfähig geworden sind.

Art. 3: (1) Die Mitgliedstaaten treffen die erforderlichen Maßnahmen, damit Garantieeinrichtungen die Befriedigung der nichterfüllten Ansprüche der Arbeitnehmer aus Arbeitsverhältnissen, die das Arbeitsentgelt für den vor einem bestimmten Zeitpunkt liegenden Zeitraum betreffen, sicherstellen.

(2) Der in Abs. 1 genannte Zeitpunkt ist nach Wahl der Mitgliedstaaten entweder der Zeitpunkt des Eintritts der Zahlungsunfähigkeit des Arbeitgebers oder der Zeitpunkt der Kündigung zwecks Entlassung wegen Zahlungsunfähigkeit des Arbeitgebers.

Art. 5: Die Mitgliedstaaten legen die Einzelheiten des Aufbaus, der Mittelaufbringung und der Arbeitsweise der Garantieeinrichtungen fest, wobei sie insbesondere folgende Grundsätze beachten: ...

b) Die Arbeitgeber müssen zur Mittelaufbringung beitragen, es sei denn, dass diese in vollem Umfang durch die öffentliche Hand gewährleistet ist.

Bis zum Ablauf der Umsetzungsfrist hatte der italienische Staat keinerlei Maßnahmen getroffen, um die Richtlinie in nationales Recht zu transferieren. Als der Arbeitgeber des Angestellten A Insolvenz anmeldet und ihm den Lohn der vergangenen fünf Monate nicht auszahlen kann, kommt A auf die Idee, den italienischen Staat unmittelbar aus der Richtlinie in Anspruch zu nehmen. Schließlich hätte ihm ein Anspruch auf Insolvenzgeld zugestanden, wenn Italien rechtzeitig tätig geworden wäre.

Steht A der geltend gemachte Anspruch zu?

A steht der geltend gemachte Anspruch auf Zahlung von fünf Monatsgehältern als Insolvenzgeld gegen den italienischen Staat unmittelbar aus der Richtlinie 2022/39/EU zu, wenn die Richtlinie unmittelbar anwendbar ist und die Anspruchsvoraussetzungen vorliegen.

I. Unmittelbare Anwendbarkeit der Richtlinie

Ein Anspruch kommt nur in Betracht, wenn A aus ihr Rechte ableiten kann. Dies setzt voraus, dass sie unmittelbar anwendbar ist.

1. Grundsatz

Nach **Art. 288 Abs. 3 AEUV** ist die Richtlinie jedoch an die Mitgliedstaaten gerichtet. Sie gilt folglich **erst nach der Transformation in nationales Recht**. Hierfür spricht, dass in Art. 288 Abs. 3 AEUV eine dem Art. 288 Abs. 2

Es besteht somit ein konstruktiver Unterschied zwischen der Verordnung als „EU-Gesetz" und der auf Rechtsangleichung in den Mitgliedstaaten gerichteten Richtlinie.

S. 2 AEUV entsprechende Regelung fehlt. Richtlinien sind damit – anders als Verordnungen – **grundsätzlich nicht unmittelbar anwendbar**.

2. Ausnahme

Hiervon könnte jedoch eine Ausnahme zu machen sein, wenn die Mitgliedstaaten ihrer aus Art. 288 Abs. 3 AEUV resultierenden Verpflichtung zur Umsetzung der Richtlinie nicht oder nicht rechtzeitig nachkommen.

a) Gegen eine solche Ausnahme spricht einerseits, dass die Art. 258, 259 AEUV das **Vertragsverletzungsverfahren** inklusive Sanktionsmöglichkeiten nach Art. 260 AEUV für den Fall vorsehen, dass die Mitgliedstaaten ihre Verpflichtungen aus den Verträgen, wie auch die aus Art. 288 Abs. 3 AEUV resultierende Verpflichtung zur rechtzeitigen und ordnungsgemäßen Umsetzung der durch die Union erlassenen Richtlinien, verletzen.

b) Andererseits sehen die Verträge als Sanktion lediglich die Verhängung eines Zwangsgeldes vor. Eine darüber hinausgehende Sanktionsmöglichkeit besteht nicht. Insbesondere können die Union und ihre Organe nicht selbst in den Mitgliedstaaten Gesetzgebungsverfahren initiieren. Dies hätte zur Folge, dass die Mitgliedstaaten bei Entrichtung fortlaufender Ordnungsgelder die Umsetzung der Richtlinie und damit die Rechtsangleichung verhindern könnten. Dieses Ergebnis liefe indes jedoch dem Grundsatz des **effet utile** aus Art. 4 Abs. 3 UAbs. 2 EUV zuwider. Danach ergreifen die Mitgliedstaaten alle geeigneten Maßnahmen allgemeiner oder besonderer Art zur Erfüllung der Verpflichtungen, die sich aus den Verträgen oder den Handlungen der Organe der Union ergeben. Sie sind daraus auch verpflichtet, an der Verwirklichung der Ziele der Europäischen Union mitzuwirken und die Effektivität des Unionsrechts herzustellen. Gerade diese Effektivität lässt sich nur dann erreichen, wenn ein gleichwertiger Rechtszustand innerhalb der Europäischen Union hergestellt wird.

Die Mitgliedstaaten der Europäischen Union sind und bleiben souverän, die Union ist der Subsidiarität verpflichtet. Welche Vorschriften in den Mitgliedstaaten erlassen werden, ist somit deren eigene und unabhängige Entscheidung.

Setzen einzelne Mitgliedstaaten die durch die Union vorgegebenen Regelungen – absichtlich oder unabsichtlich – nicht rechtzeitig oder überhaupt nicht um, besteht die Gefahr der Rechtszersplitterung der Europäischen Union. Dieser Zustand ist mit dem Zweck der Richtlinien, eine Rechtsangleichung innerhalb der Mitgliedstaaten zu erreichen, unvereinbar. Demzufolge spricht der Gesichtspunkt der möglichst weitreichenden Effektivität des Unionsrechts dafür, die Richtlinien in derartigen Mitgliedstaaten unmittelbare Wirkung zukommen zu lassen, um einen mit den Mitgliedstaaten vergleichbaren Zustand zu erreichen, die ihrer Umsetzungspflicht rechtzeitig und vollumfänglich nachgekommen sind.

Dieses Argument wurde vom Gerichtshof entwickelt, da ursprünglich keine mit Art. 260 Abs. 2 AEUV vergleichbaren Sanktionsmöglichkeiten für die Mitgliedstaaten bestanden. Obwohl diese Sanktionsmöglichkeiten heute bestehen, hält man an der Rechtsfigur der unmittelbaren Wirkung fest,[14] da diese Sanktionsmöglichkeiten die Umsetzung der Richtlinie nur bedingt bewirken können.

c) Für eine unmittelbare Wirkung spricht weiterhin der durch die unmittelbare Anwendbarkeit der Richtlinie zu erreichende **Sanktionscharakter**: Die Mitgliedstaaten sollen sich gegenüber den Bürgern, die sich auf für sie vorteilhafte Regelungen der nicht umgesetzten Richtlinie berufen, nicht auf die unionsrechtswidrige Nichtumsetzung der Richtlinie berufen dürfen (venire contra factum proprium).[15] Die Mitgliedstaaten würden sich treuwidrig verhalten, würden sie ihren Bürgern Rechte verweigern, die ihnen bei ordnungsgemäßer Umsetzung der Richtlinie zustehen würden.

14 Vgl. Streinz Art. 288 Rn. 103 m.w.N.

15 Streinz a.a.O. m.w.N.

Somit ist eine unmittelbare Anwendbarkeit der Richtlinie jedenfalls nicht von vornherein ausgeschlossen.

Zur horizontalen Wirkung von Richtlinien s. Fall 6.

II. Vertikale Wirkung der Richtlinie

Insbesondere aus dem Sanktionsgedanken folgt, dass Richtlinien – sollten die hierfür erforderlichen Voraussetzungen vorliegen – **nur gegenüber den Mitgliedstaaten** unmittelbar angewendet werden können, welche die Umsetzung nicht oder fehlerhaft vorgenommen haben (sog. **vertikale Wirkung**). Hier beruft sich A gegenüber dem italienischen Staat auf die Regelung, sodass ein Fall vertikaler Wirkung vorliegt.

III. Voraussetzungen

Um den Unterschied der Richtlinie zur Verordnung nicht vollständig zu egalisieren und um der vorstehenden Herleitung der unmittelbaren Anwendbarkeit der Richtlinie Rechnung zu tragen, müssen bestimmte **Voraussetzungen** für die unmittelbare Anwendbarkeit einer Richtlinie bzw. einzelne in ihr enthaltene Vorschriften erfüllt sein. Dementsprechend muss ein Umsetzungsfehler vorliegen und die Vorschriften der Richtlinie inhaltlich unbedingt und hinreichend bestimmt sein.

1. Umsetzungsfehler

Ein Umsetzungsfehler des in Anspruch genommenen Mitgliedstaates liegt vor, wenn die Richtlinie bis zum **Ablauf der Umsetzungsfrist** überhaupt nicht umgesetzt (sog. **Umsetzungsausfall**) oder nicht vollständig bzw. nicht ordnungsgemäß umgesetzt worden ist (sog. **Umsetzungsdefizit**). Hier ist der italienische Staat bis zum Ablauf der Umsetzungsfrist überhaupt nicht tätig geworden, sodass ein Umsetzungsausfall vorliegt.

2. Inhaltlich unbedingt

Die Richtlinie 2022/39/EU müsste darüber hinaus inhaltlich unbedingt sein. Dies ist der Fall, wenn die Richtlinie vorbehaltlos und ohne Bedingung anwendbar ist und keiner weiteren gestalterischen Maßnahme der Organe der Mitgliedstaaten oder der Union bedarf. Aus der Richtlinie ergibt sich, dass die Mitgliedstaaten für die Einführung eines Insolvenzgeldes zum Schutz der Arbeitnehmer sorgen sollen. Bedingungen sind an diese Maßnahme nicht geknüpft. Auch sind keine weiteren Maßnahmen erforderlich, um die Vorgaben umsetzbar zu machen. Folglich ist die Richtlinie 2022/39/EU inhaltlich unbedingt.

Durch die unmittelbare Wirkung darf ein in der Richtlinie vorgesehener Gestaltungsspielraum für die einzelnen Mitgliedstaaten nicht umgangen werden!

3. Hinreichend genau

Die Richtlinie ist auch hinreichend genau, wenn sie in unzweideutigen Worten eine Verpflichtung festlegt,[16] wenn sich also aus der verpflichtenden Richtlinienbestimmung der Adressat und der Inhalt der Pflicht ermitteln lassen. Werden durch die Vorschriften Ansprüche der Bürgerinnen und Bürger begründet, müssen sich aus Ihnen Gläubiger, Schuldner und Inhalt des Anspruchs ermitteln lassen.[17]

a) Hinsichtlich des Gläubigers

Die Richtlinie 2022/39/EU gilt gemäß Art. 1 Abs. 1 für Ansprüche von Arbeitnehmern aus Arbeitsverträgen gegen Arbeitgeber, die zahlungsunfä-

16 EuGH EuZW 2021, 267, 269 Rn. 36 *BY und CZ/Deutschland*.

17 EuGH NJW 1992, 165 *Francovich*.

hig geworden sind. Art. 1 Abs. 1 bezieht sich konkret und individuell auf die betroffenen Arbeitnehmer als begünstigten Personenkreis. Die Bestimmungen sind damit hinsichtlich des **Gläubigers** hinreichend bestimmt.

b) Hinsichtlich des Inhalts

Hinsichtlich des **Inhalts der Garantie** regelt die Richtlinie in Art. 3 Abs. 1, dass die Befriedigung der nichterfüllten Ansprüche aus Arbeitsverträgen sicherzustellen ist. Allerdings wird den Mitgliedstaaten in Art. 5 der Richtlinie ein **Gestaltungsspielraum** hinsichtlich des Aufbaus, der Mittelaufbringung und der Arbeitsweise der Garantieeinrichtungen zugestanden. Dieser Gestaltungsspielraum betrifft jedoch in erster Linie die Arbeitsweise der zu schaffenden Garantieeinrichtungen, aber nicht das vorgeschriebene Ziel oder den Inhalt der Richtlinie: Den Arbeitnehmern soll Schutz bei Zahlungsunfähigkeit ihrer Arbeitgeber zuteil und ihnen ein Anspruch auf Zahlung des ausgebliebenen Lohns zugestanden werden. Insoweit ist der Gestaltungsspielraum nicht ausgelöst.

c) Hinsichtlich des Schuldners

Fraglich ist jedoch, ob die Richtlinie auch hinsichtlich des **Schuldners der Garantieansprüche** hinreichend bestimmt ist. Insoweit wird der Gestaltungsspielraum aus Art. 5 der Richtlinie relevant, da er auch hinsichtlich der **Mittelaufbringung** besteht.

aa) Mittelaufbringung des Arbeitsgebers

Nach dem Wortlaut des Art. 5 lit. b der Richtlinie müssen die Arbeitgeber zur Aufbringung der Mittel beitragen, aus denen die Garantieeinrichtung die Ansprüche der betroffenen Arbeitnehmer befriedigt. Zu welcher Quote sich die Arbeitgeber beteiligen müssen, legt die Richtlinie nicht fest; insoweit gilt der Entscheidungsspielraum des nationalen Gesetzgebers.

bb) Mittelaufbringung der öffentlichen Hand

Eine **vollständige Mittelaufbringung aus der öffentlichen Hand** sieht Art. 5 lit. b der Richtlinie am Ende nur für den Fall vor, dass der nationale Gesetzgeber seinen Gestaltungsspielraum dahingehend ausgeübt hat, dass die Arbeitgeber von ihrer Verpflichtung zur Beitragung zu den Mitteln für das Insolvenzgeld entbunden werden. Italien hat jedoch keine Umsetzung der Richtlinie vorgenommen und dementsprechend auch nicht von seinem Gestaltungsspielraum Gebrauch gemacht. Der italienische Staat könnte aber gerade aus diesem Umstand als Schuldner der Zahlungsverpflichtung angesehen werden. Hätte er von seiner Umsetzungsverpflichtung rechtzeitig Gebrauch gemacht, hätte er die Arbeitgeber generell an der Aufbringung der Mittel beteiligen können; anderenfalls muss er selbst als Schuldner auftreten.

cc) Wortlaut

Aus dem Wortlaut ergibt sich jedoch, dass die Arbeitgeber nicht zur Mittelaufbringung herangezogen werden, wenn diese vollständig durch die öffentliche Hand gewährleistet ist. Dies setzt schon explizit voraus, dass die Finanzierung durch die öffentliche Hand definitiv geklärt, mithin also in einer Vorschrift des nationalen Rechts geregelt sein muss. Eine solche Norm fehlt in Italien aufgrund der unterbliebenen Umsetzung der Richtlinie.

Als Sanktionierung des Mitgliedstaates und Entschädigung des benachteiligten Unionsbürgers kommt lediglich der vom Gerichtshof entwickelte ungeschriebene unionsrechtliche Staatshaftungsanspruch in Betracht, der auf Ersatz der durch die Nichtumsetzung entstandenen Schäden gerichtet ist (dazu ausführlich Fall 21). Aufgrund der Fallfrage waren Ausführungen zum Schadensersatzanspruch hier nicht erforderlich.

Durch die „es sei denn"-Formulierung kommt darüber hinaus zum Ausdruck, dass der Unionsrechtsgeber davon ausgegangen ist, dass sich die Beteiligung der Arbeitgeber an der Aufbringung der Mittel als Regelfall, die Vollfinanzierung durch die öffentliche Hand als Ausnahme darstellt. Dies ist auch nachvollziehbar und spiegelt die tatsächliche Risikoverteilung wieder: Einerseits setzen die Arbeitgeber die Ursache dafür, dass durch eine verschleppte Insolvenz überhaupt Arbeitnehmer mit offenen Lohnforderungen zurückbleiben. Andererseits belasten die Arbeitnehmer bei einer rechtzeitig eingeleiteten Insolvenz und der damit einhergehenden Arbeitslosigkeit die Sozialhilfesysteme. Die Fiktion einer solchen Entlastung infolge der Nichtumsetzung liefe dem Erfordernis einer ausdrücklichen Entscheidung zuwider.

Die Richtlinie ist folglich hinsichtlich des Schuldners des Insolvenzgeldes nicht hinreichend genau. Erst wenn der Staat seine Befugnis zur Einrichtung des Systems zur Zahlung des Insolvenzgeldes ausübt, steht der Schuldner dieses Anspruchs fest.[18]

Ergebnis: Mangels unmittelbarer Wirkung der Richtlinie steht dem A der von ihm geltend gemachte Anspruch unmittelbar aus der Richtlinie 2022/39/EU nicht zu.

18 EuGH NJW 1992, 165 *Francovich.*

Fall 6: Horizontale Wirkung von Richtlinien

Die Studentin L befindet sich auf Shoppingtour durch ihre schwedische Heimatstadt. Vor einem Bekleidungsgeschäft fällt ihr Blick auf einen großen Informationsstand eines schwedischen Boulevardmagazins, das sich inhaltlich auf die Interessen junger Leserinnen ausgerichtet hat. Da sie einen Moment vor dem Stand zögert und interessiert schaut, wird sie von einer Mitarbeiterin des Magazins angesprochen. Nach einem kurzen, angenehmen Gespräch entschließt sich L dazu, ein Probeabo für die Dauer von sechs Monaten abzuschließen und unterzeichnet ein entsprechendes Vertragsformular. Dieses enthält – inhaltlich richtig – den Hinweis darauf, dass derartige Verträge nach schwedischem Recht nur binnen einer Frist von drei Tagen widerrufen werden können.

Da sie in den darauffolgenden Tagen mit ihren Freundinnen im Kurzurlaub weilt, vergisst L das Abo zunächst. Als sie nach ihrem Urlaub in ihre Studentenwohnung zurückkehrt und sich online auf ihrem Lieblingsportal über die Neuigkeiten der letzten Tage informiert, bereut sie den Vertragsschluss. Eigentlich benötigt sie die Zeitschrift nicht, da sie alle relevanten Informationen online kostenlos abrufen kann. Sie schickt daraufhin – 5 Tage nach Vertragsschluss – einen Brief an den Verlag und widerruft ihr Probeabo. Der Verlag weist den Widerruf zurück, da die im schwedischen Recht vorgesehene Frist abgelaufen sei. Ein befreundeter Jura-Student bringt L auf eine Idee: Die Richtlinie 2022/577/EU sieht die Einführung einer einwöchigen Frist für den Verbraucherwiderruf vor; die Regelungen sind insoweit inhaltlich unbedingt und hinreichend genau. Da diese Richtlinie in Schweden trotz Ablaufs der Umsetzungsfrist noch nicht umgesetzt wurde, beruft sie sich gegenüber dem Verlag unmittelbar auf die sich aus der Richtlinie ergebende Frist und weist darauf hin, dass ihr Widerruf dementsprechend rechtzeitig gewesen sei. Hat sie ihr Widerrufsrecht wirksam ausgeübt?

L hat ihr Widerrufsrecht wirksam ausgeübt, wenn er fristgemäß gegenüber dem Verlag erfolgte.

I. Widerrufsfrist nach nationalem Recht

Die Widerrufsfrist nach schwedischem Recht hat L nicht eingehalten. Dort ist ein Widerruf binnen einer Frist von drei Tagen vorgesehen, die sie jedoch mit ihrem Widerruf nicht eingehalten hat.

II. Unmittelbare Anwendbarkeit der Richtlinie

Möglicherweise könnte sich L jedoch gegenüber dem Verlag **unmittelbar auf die Richtlinie 2022/577 EU** berufen. Dies hängt zunächst davon ab, ob eine Richtlinie überhaupt unmittelbare Wirkung entfalten kann.

Die Ausführungen hier sind mit denen in Fall 5 zur vertikalen Wirkung identisch, da beide Fälle zunächst von der Frage abhängen, ob Richtlinien überhaupt unmittelbar für den Bürger wirken können.

1. Grundsatz

Nach **Art. 288 Abs. 3 AEUV** ist die Richtlinie jedoch an die Mitgliedstaaten gerichtet. Sie gilt folglich **erst nach der Transformation in nationales Recht**. Hierfür spricht, dass in Art. 288 Abs. 3 AEUV eine dem Art. 288 Abs. 2 S. 2 AEUV entsprechende Regelung fehlt. Richtlinien sind damit – anders als Verordnungen – **grundsätzlich nicht unmittelbar anwendbar**.

2. Ausnahme

Hiervon könnte jedoch eine Ausnahme zu machen sein, wenn die Mitgliedstaaten ihrer aus Art. 288 Abs. 3 AEUV resultierenden Verpflichtung zur Umsetzung der Richtlinie nicht oder nicht rechtzeitig nachkommen.

a) Gegen eine solche Ausnahme spricht einerseits, dass die Art. 258, 259 AEUV das **Vertragsverletzungsverfahren** inklusive Sanktionsmöglichkeiten nach Art. 260 AEUV für den Fall vorsehen, dass die Mitgliedstaaten ihre Verpflichtungen aus den Verträgen, wie auch die aus Art. 288 Abs. 3 AEUV resultierende Verpflichtung zur rechtzeitigen und ordnungsgemäßen Umsetzung der durch die Union erlassenen Richtlinien, verletzen.

Die Mitgliedstaaten der Europäischen Union sind und bleiben souverän, die Union ist der Subsidiarität verpflichtet. Welche Vorschriften in den Mitgliedstaaten erlassen werden, ist somit deren eigene und unabhängige Entscheidung.

b) Andererseits sehen die Verträge als Sanktion lediglich die Verhängung eines Zwangsgeldes vor. Eine darüber hinausgehende Sanktionsmöglichkeit besteht nicht. Insbesondere können die Union und ihre Organe nicht selbst in den Mitgliedstaaten Gesetzgebungsverfahren initiieren. Dies hätte zur Folge, dass die Mitgliedstaaten bei Entrichtung fortlaufender Ordnungsgelder die Umsetzung der Richtlinie und damit die Rechtsangleichung verhindern könnten. Dieses Ergebnis liefe indes jedoch dem Grundsatz des **effet utile** aus Art. 4 Abs. 3 UAbs. 2 EUV zuwider. Danach ergreifen die Mitgliedstaaten alle geeigneten Maßnahmen allgemeiner oder besonderer Art zur Erfüllung der Verpflichtungen, die sich aus den Verträgen oder den Handlungen der Organe der Union ergeben. Sie sind daraus auch verpflichtet, an der Verwirklichung der Ziele der Europäischen Union mitzuwirken und die Effektivität des Unionsrechts herzustellen. Gerade diese Effektivität lässt sich nur dann erreichen, wenn ein gleichwertiger Rechtszustand innerhalb der Europäischen Union hergestellt wird.

Setzen einzelne Mitgliedstaaten die durch die Union vorgegebenen Regelungen – absichtlich oder unabsichtlich – nicht rechtzeitig oder überhaupt nicht um, besteht die Gefahr der Rechtszersplitterung der Europäischen Union. Dieser Zustand ist mit dem Zweck der Richtlinien, eine Rechtsangleichung innerhalb der Mitgliedstaaten zu erreichen, unvereinbar. Demzufolge spricht der Gesichtspunkt der möglichst weitreichenden Effektivität des Unionsrechts dafür, die Richtlinien in derartigen Mitgliedstaaten unmittelbare Wirkung zukommen zu lassen, um einen mit den Mitgliedstaaten vergleichbaren Zustand zu erreichen, die ihrer Umsetzungspflicht rechtzeitig und vollumfänglich nachgekommen sind.

c) Für eine unmittelbare Wirkung spricht weiterhin der durch die unmittelbare Anwendbarkeit der Richtlinie zu erreichende **Sanktionscharakter**: Die Mitgliedstaaten sollen sich gegenüber den Bürgern, die sich auf für sie vorteilhafte Regelungen der nicht umgesetzten Richtlinie berufen, nicht auf die unionsrechtswidrige Nichtumsetzung der Richtlinie berufen dürfen (venire contra factum proprium). Die Mitgliedstaaten würden sich treuwidrig verhalten, würden sie ihren Bürgern Rechte verweigern, die ihnen bei ordnungsgemäßer Umsetzung der Richtlinie zustehen würden.

Somit ist eine unmittelbare Anwendbarkeit der Richtlinie jedenfalls nicht von vornherein ausgeschlossen.

III. Horizontale Wirkung

Hier ist jedoch zu berücksichtigen, dass sich L nicht gegenüber dem schwedischen Staat, sondern gegenüber einem schwedischen Verlag auf die Vorschriften der Richtlinie beruft. Dies ist nur möglich, wenn Richtlinien für den Fall eines Umsetzungsfehlers auch zwischen Privatpersonen unmittelbar anwendbar sind und somit **horizontale Wirkung** entfalten.

Gegen eine solche unmittelbare Wirkung spricht, dass die Begründungen für die Rechtsfigur der unmittelbaren Wirkung sich lediglich auf die Versäumnisse des Mitgliedstaates stützen. Diese Versäumnisse können dazu führen, dass die Richtlinie vertikal unmittelbare Wirkung entfaltet, sich der Bürger also gegenüber dem Staat auf den Inhalt der Richtlinie berufen kann. Die Bürger untereinander haben hingegen keinerlei Einfluss auf die rechtzeitige oder ordnungsgemäße Umsetzung einer Richtlinie. Weder der Sanktionsgedanke noch die Begründung über das venire contra factum proprium sind damit geeignet, eine unmittelbare Wirkung der Richtlinie gegenüber Privaten zu begründen.

Aus der nicht erfolgten Umsetzung einer Richtlinie entstehen ausschließlich Ansprüche gegen den Staat. Dementsprechend sind die Richtlinienbestimmungen weder geeignet, unmittelbar Ansprüche zwischen Privaten noch Einwendungen oder Einreden im Rahmen von privatrechtlichen Beziehungen zu begründen. **Anderenfalls würde der Union die Befugnis zuerkannt, mit unmittelbarer Wirkung zulasten der Bürgerinnen und Bürger anzuordnen, obwohl sie dies nur dort darf, wo ihr die Befugnis zum Erlass von Verordnungen zugewiesen ist.**[19] Dies ist im Bereich des Verbraucherschutzrechts jedoch nicht der Fall.

Folglich entfaltet die Richtlinie keinerlei Wirkung zwischen L und dem Verlag. L kann sich deshalb nicht auf die Richtlinienbestimmung berufen.

Auch hier war auf den ungeschriebenen unionsrechtlichen Staatshaftungsanspruch nicht einzugehen (s. dazu Fall 21).

Ergebnis: Der Widerruf von L war nicht fristgemäß.

19 EuGH NJW 1994, 2473 *Faccini Dori*.

3. Teil: Grundfreiheiten

1. Abschnitt: Warenverkehrsfreiheit

Fall 7: Warenverkehrsfreiheit, Keck-Formel

Der aus Spanien stammende S sieht in der Neueröffnung einer Strandbar nebst Diskothek die Chance, Herkunft und Zukunft miteinander zu verbinden: Er eröffnet in Sichtweite der Strandbar einen Kiosk, in dem er importierte spanische Bierspezialitäten und Spirituosen verkauft. Nachdem sich die Kunden der Strandbar und der Diskothek häufig in seinem Kiosk mit günstigem Getränkenachschub eindecken, plant S, seinen Kiosk an Samstagabenden nicht um 22 Uhr, sondern erst um 2 Uhr zu schließen. Allerdings verbietet § 4 Abs. 1 Nr. 1 Ladenöffnungsgesetz (LÖG) des Bundeslandes L den Verkauf von Waren samstags ab 22 Uhr. S meint, dass die Vorschriften gegen die Warenverkehrsfreiheit verstoßen. Zu Recht?

Bearbeitungsvermerk: Unionsrechtliche Harmonisierungsmaßnahmen existieren in diesem Bereich nicht. § 4 LÖG des Landes L hat folgenden Wortlaut:

(1) ... Verkaufsstellen dürfen

1. samstags von 0 bis 22 Uhr geöffnet sein (allgemeine Ladenöffnungszeit) ...

Die Auffassung des S ist korrekt und § 4 Abs. 1 Nr. 1 LÖG mit Art. 34 AEUV unvereinbar, sofern die Warenverkehrsfreiheit anwendbar ist, die Regelungen des LÖG eine Beschränkung der Warenverkehrsfreiheit darstellen und diese Beschränkung nicht gerechtfertigt ist.

I. Anwendbarkeit

Zunächst müsste Art. 34 AEUV anwendbar sein. Dies ist nicht der Fall, sofern der Warenverkehrsfreiheit vorgehende **spezielle Vorschriften** einschlägig sind. Bei Bier und Spirituosen handelt es sich jedoch weder um ein nach Art. 38 Abs. 2 i.V.m. Abs. 3 AEUV zu behandelndes Agrarprodukt noch existiert diesbezüglich eine unionsrechtliche Harmonisierungsmaßnahme i.S.d. Art. 114 AEUV, sodass die Warenverkehrsfreiheit anwendbar ist.

II. Schutzbereich

EU-Waren i.S.d. Art. 28 Abs. 2 AEUV sind Waren aus den Mitgliedstaaten der Europäischen Union sowie Waren aus Drittländern im freien Verkehr eines Mitgliedstaates.

Die Warenverkehrsfreiheit ist betroffen, wenn sich die betroffene Regelung auf **EU-Waren i.S.d. Art. 28 Abs. 2 AEUV** auswirkt. Die von S angebotenen Alkoholika sind sämtlich körperliche Gegenstände, die im Hinblick auf Handelsgeschäfte über eine Grenze verbracht werden können und damit **Waren**. Sie stammen zudem aus Spanien und damit aus einem Mitgliedstaat der EU, sodass es sich um sog. **EU-Waren** handelt. Der sachliche Anwendungsbereich ist damit eröffnet.

III. Mengenmäßige Einfuhrbeschränkung oder Maßnahme gleicher Wirkung

Die Regelung in § 4 Abs. 1 Nr. 1 LÖG könnte eine mengenmäßige Einfuhrbeschränkungen oder eine Maßnahme gleicher Wirkung darstellen.

1. Mengenmäßige Einfuhrbeschränkung

Mengenmäßige Einfuhrbeschränkungen i.S.d. Art. 34 Alt. 1 AEUV sind solche Maßnahmen, welche die Einfuhr einer Ware vollständig verbieten (sog. Verbringungsverbot) oder nach Menge, Wert oder Zeitraum begrenzen (sog. Kontingentierung). Die Regelungen im LÖG betreffen jedoch nicht den Import der spanischen Alkoholika, sodass keine mengenmäßige Einfuhrbeschränkung vorliegt.

Der Gerichtshof spricht in seinen Entscheidungen nicht von „Eingriffen", sondern von „Beschränkungen", weshalb dieser Begriff auch der hiesigen Darstellung zugrunde gelegt wird.

2. Maßnahme gleicher Wirkung

Bei den Regelungen könnte es sich allerdings um Maßnahmen gleicher Wirkung i.S.d. Art. 34 Alt. 2 AEUV handeln.

a) Dassonville-Formel

Nach der sog. Dassonville-Formel ist hierunter jede Maßnahme oder Regelung der Mitgliedstaaten zu verstehen, die geeignet ist, den innergemeinschaftlichen Handel unmittelbar oder mittelbar, tatsächlich oder potenziell zu behindern.[20] Eine Behinderung liegt dabei in jeder negativen Beeinflussung der Handelsströme durch Beeinträchtigung der Handlungsfreiheit bestimmter Marktteilnehmer. Ob die jeweilige Regelung zu einer derartigen Behinderung geeignet ist, wird durch einen Vergleich der (potenziellen) Entwicklung des Absatzes mit und ohne Regelung ermittelt.

Aufgrund der Regelung im LÖG ist es S nicht möglich, im geplanten zeitlichen Umfang mit den von ihm importierten Waren Handel zu treiben. Dies führt zu einer Einschränkung insbesondere vor dem Hintergrund, dass S der Verkauf der Alkoholika für die späten Abendstunden des Samstages und die Nacht von Samstag auf Sonntag untersagt ist, in dem die Nachfrage nach derartigen Waren erfahrungsgemäß höher ausfällt als unter der Woche. Demzufolge wird der Handel mit den importierten EU-Waren in tatsächlicher Hinsicht behindert. Nach diesem weiten Verständnis liegt grundsätzlich eine Maßnahme gleicher Wirkung und damit eine Beschränkung in die Warenverkehrsfreiheit vor.

b) Einschränkung durch Keck-Formel

Eine Beschränkung ist jedoch abzulehnen, wenn es sich bei der Regelung im LÖG um eine nationale Bestimmung handelt, die bestimmte **Verkaufsmodalitäten** beschränkt, sofern sie für alle betroffenen Wirtschaftsteilnehmer gelten, die ihre Tätigkeit im Inland ausüben, und sofern sie den Absatz der inländischen Erzeugnisse und der Erzeugnisse aus anderen Mitgliedstaaten rechtlich wie tatsächlich in der gleichen Weise berühren (sog. **Keck-Formel**).[21] Keine Maßnahmen gleicher Wirkung sind demnach solche Regelungen, die nicht den Warenverkehr zwischen den Mitgliedstaaten zum Gegenstand haben, sondern in allgemeiner Weise die Wirtschaftstätigkeit im Inland betreffen, und die den Marktzugang für eingeführte Erzeugnisse nicht versperren oder stärker als für einheimische Erzeugnisse behindern.

20 EuGH Slg. 1974, 837 Rn. 5 *Dassonville.*

21 EuGH Slg. 1994, I-6097 Rn. 16 *Keck u. Mithouard.*

Zu den produktbezogenen Regelungen gehören insbesondere die Aufmachung, Ausstattung, Bezeichnung, Etikettierung, Form, Gewicht, Verpackung und die Zusammensetzung der Waren.

aa) Verkaufsmodalitäten

Verkaufsmodalitäten sind Vorschriften über räumliche und zeitliche Voraussetzungen und andere Umstände, unter denen Waren vertrieben werden können und die Ausdruck landesweiter oder regionaler, sozialer und kultureller Besonderheiten sind. Davon abzugrenzen sind **produktbezogene Regelungen**, die sich auf die Merkmale der Erzeugnisse beziehen.

Die Vorschriften über die Ladenöffnung betreffen ausschließlich die Frage, in welchem Zeitraum die Waren an Verbraucher veräußert werden können. Auf die Merkmale der Erzeugnisse hat die Regelung hingegen keinerlei Einfluss. Damit handelt es sich bei § 4 Abs. 1 Nr. 1 LÖG lediglich um eine vertriebsbezogene Regelung und damit um eine Verkaufsmodalität.

bb) Marktzutrittsschranke

Da die Ladenöffnungszeiten ungeachtet des Ursprungs der Ware für alle Wirtschaftsteilnehmer gelten und den Absatz der Erzeugnisse aus anderen Mitgliedstaaten nicht in anderer Weise als die inländischen Erzeugnisse berühren, handelt es sich um keine unzulässige Marktzutrittsschranke.

Folglich unterfällt die Regelung des § 4 Abs. 1 Nr. 1 LÖG der Ausnahme im Sinne der Keck-Formel, sodass keine Beschränkung vorliegt.[22]

Ergebnis: Die Auffassung des S ist folglich nicht korrekt.

22 Vgl. EuGH Slg. 1994, I-2227 *Tankstation 't Heukske.*

Fall 8: Warenverkehrsfreiheit, Rechtfertigung

Das deutsche Recht sieht in § 78 Abs. 1 S. 1 Nr. 1 Arzneimittelgesetz (AMG) vor, dass die Preisspannen für Arzneimittel, die im Großhandel oder in Apotheken abgegeben werden, in einer durch das Bundesministerium für Wirtschaft und Energie zu erlassenden Verordnung festzusetzen sind. Die Verordnung gilt auch für Arzneimittel, die in die Bundesrepublik Deutschland verbracht werden, sodass die Preisbindungsregelung nicht nur für Apotheken mit Sitz in Deutschland, sondern auch für solche mit Sitz im Ausland gilt. Die niederländische Versandapotheke D plant, Arzneimittel an Partner auf deutscher Seite (z.B. Selbsthilfevereine) vergünstigt abzugeben. Sie sieht in der deutschen Regelung einen Verstoß gegen die Warenverkehrsfreiheit. Die Bundesregierung trägt zur Rechtfertigung der Regelungen vor, dass sie zum Schutz der Gesundheit und des Lebens der deutschen Verbraucher gerechtfertigt sei. Ohne die Preisbindung lasse sich die flächendeckende sichere und qualitativ hochwertige Arzneimittelversorgung nicht sicherstellen. Vielmehr drohe ein ruinöser Preiswettbewerb zwischen den unterschiedlichen Apotheken, welcher zu einem „Apothekensterben" gerade in dünner besiedelten Gebieten führen könnte. Schließlich könne gerade schwer kranken Patienten nicht zugemutet werden, erst durch Recherche ermitteln zu müssen, in welcher Apotheke die für sie notwendigen Medikamente zum günstigsten Preis angeboten würden. Wissenschaftlich fundierte Grundlagen für diese Argumentation trägt die Bundesregierung hingegen nicht vor. Ist die Warenverkehrsfreiheit verletzt?

Bearbeitungsvermerk: Vorrangige sekundärrechtliche Regelungen sind nicht einschlägig.

Die Warenverkehrsfreiheit aus Art. 34 AEUV ist verletzt, wenn die Warenverkehrsfreiheit anwendbar und der Schutzbereich betroffen ist, die Preisbindung eine Beschränkung darstellt und diese nicht gerechtfertigt ist.

I. Anwendbarkeit

Mangels vorrangiger speziellerer Grundfreiheit und sekundärrechtlicher Regelung ist die Warenverkehrsfreiheit anwendbar.

II. Schutzbereich

Vom Schutzbereich des Art. 34 AEUV werden **EU-Waren** erfasst. Hierunter fallen alle körperlichen Gegenstände, die einen Geldwert haben und Gegenstand rechtmäßiger Handelsgeschäfte sein können. Sie müssen zudem aus den Mitgliedstaaten stammen oder sich in den Mitgliedstaaten im freien Verkehr befinden. Arzneimittel sind körperliche Gegenstände, die zu einem vom deutschen Recht fest vorgeschriebenen Preis an die Endverbraucher rechtmäßig nach ärztlicher Verschreibung abgegeben werden und sich somit im Binnenmarkt im freien Verkehr befinden. Die Arzneimittel stellen deshalb EU-Waren dar.

III. Mengenmäßige Einfuhrbeschränkungen oder Maßnahmen gleicher Wirkung

Ferner müsste eine **Beschränkung** i.S.d. Art. 34 AEUV vorliegen. Hier kommt nur eine Beschränkung in Form einer **Maßnahme gleicher Wirkung wie eine Einfuhrbeschränkung** i.S.d. Art. 34 Alt. 2 AEUV in Betracht.

1. Dassonville-Formel

Hierunter fällt jede Maßnahme oder Regelung der Mitgliedstaaten, die geeignet ist, den unionsinternen Handel unmittelbar oder mittelbar, tatsächlich oder potenziell zu behindern (sog. **Dassonville-Formel**).

Traditionelle Apotheken, die ihre Dienste vor Ort anbieten, sind grundsätzlich besser als Versandapotheken in der Lage, Patienten durch ihr Personal vor Ort individuell zu beraten und eine Notfallversorgung mit Arzneimitteln sicherzustellen. Da Versandapotheken mit ihrem eingeschränkten Leistungsangebot eine solche Versorgung nicht angemessen ersetzen können, stellt der **Preiswettbewerb** für sie einen wichtigen Wettbewerbsfaktor dar. Dieser ist für sie sogar wichtiger als für traditionelle Apotheken, weil es von ihm abhängt, ob sie einen **unmittelbaren Zugang zum deutschen Markt** finden und auf diesem **konkurrenzfähig** bleiben. Dementsprechend wirkt sich die Festlegung einheitlicher Abgabepreise für Medikamente, wie sie in der deutschen Regelung vorgesehen ist, auf in einem anderen Mitgliedstaat als der Bundesrepublik Deutschland ansässige Apotheken stärker aus als auf im deutschen Hoheitsgebiet ansässige Apotheken. Dadurch kann der **Marktzugang** für Erzeugnisse aus anderen Mitgliedstaaten stärker behindert werden als für inländische Erzeugnisse.

2. Einschränkung durch Keck-Formel

Die produktbezogenen Regelungen, die an die Merkmale oder den Inhalt der Ware selbst anknüpfen, sollen auch nach der Keck-Formel weiterhin als Beschränkung anzusehen sein.

Allerdings könnte eine Ausnahme nach der sog. **Keck-Formel** eingreifen. Danach sind **diskriminierungsfreie Verkaufsmodalitäten** von der Beschränkung ausgenommen. Verkaufsmodalitäten sind dabei solche Vorschriften, welche die Art und Weise des Vertriebs eines Produkts bestimmen. Sie stellen jedenfalls dann keine Beschränkung dar, wenn sie unterschiedslos gelten und auch nicht versteckt zulasten ausländischer Erzeugnisse wirken, sondern die inländischen wie die ausländischen Erzeugnisse rechtlich wie tatsächlich in der gleichen Weise berühren. Zwar ist der Verkaufspreis eine Verkaufsmodalität und keine produktbezogene Regelung, aber wie die obigen Darlegungen zeigen, wirkt die Festsetzung eines Einheitspreises gerade nicht diskriminierungsfrei, sondern wirkt sich auf ausländische Apotheken stärker aus. Folglich greift keine Ausnahme nach der Keck-Formel ein.

Folglich liegt eine Maßnahme gleicher Wirkung vor.

III. Rechtfertigung

Die Beschränkung ist jedoch gerechtfertigt, wenn ein **Rechtfertigungsgrund** eingreift und die hierauf gestützte Maßnahme **verhältnismäßig** ist.

1. Geschriebener Rechtfertigungsgrund, Art. 36 AEUV

Nach Art. 36 AEUV sind solche Beschränkungen gerechtfertigt, die von den Mitgliedstaaten aus bestimmten Gründen des Allgemeininteresses erlassen wurden. Zu diesen Allgemeininteressen zählt auch der **Schutz der Gesundheit und des Lebens von Menschen**. Diese nehmen unter den in Art. 36 AEUV aufgezählten Allgemeininteressen nach der Rspr. des Gerichtshofs den **höchsten Rang** ein. Es ist dabei Sache der Mitgliedstaaten zu bestimmen, auf welchem Niveau sie den Schutz der Gesundheit der

Bevölkerung gewährleisten wollen und wie dieses Niveau erreicht werden soll. Den Mitgliedstaaten steht insofern ein **Wertungsspielraum** zu.

a) Allgemeininteresse

Die regelmäßige Versorgung der Bevölkerung mit Arzneimitteln stellt einen wichtigen medizinischen Zweck dar, der wiederum dem **Schutz der Gesundheit und des Lebens** von Menschen dient. Der Anwendungsbereich des Art. 36 AEUV ist insofern eröffnet.

b) Überschreitung des Wertungsspielraums

Allerdings könnte die Bundesrepublik Deutschland mit der Einführung des Preisbindungssystems ihren **Wertungsspielraum** überschritten haben. Das Preisbindungssystem des deutschen Arzneimittelrechts dient der Gewährleistung einer sicheren und qualitativ hochwertigen Arzneimittelversorgung der deutschen Bevölkerung. Dieses System soll insbesondere sicherstellen, dass sich die Versandapotheken keinen ruinösen Preiswettbewerb liefern, der zu einem Verschwinden der traditionellen Apotheken insbesondere in ländlichen oder dünn besiedelten Gebieten führt, bei denen es sich um die für sie weniger attraktiven Standorte handelt. Nur traditionelle Apotheken können eine sichere und qualitativ hochwertige Arzneimittelversorgung in Notfällen, eine individuelle Beratung und eine wirksame Kontrolle der abgegebenen Arzneimittel gewährleisten. Diese Einschätzung des deutschen Gesetzgebers überschreitet die Grenzen des Wertungsspielraums nicht. Die Preisbindung verschreibungspflichtiger Arzneimittel erfolgt zum Schutz der Gesundheit und des Lebens.

c) Verhältnismäßigkeit

Der Gerichtshof prüft grundsätzlich keine Angemessenheit, weshalb Du den Begriff in der Klausur generell vermeiden solltest. Denn der Begriff erweckt den Eindruck, dass Du die deutsche Dogmatik derjenigen des Unionsrechts überstülpst.

Zwar fällt das Ziel der Gewährleistung einer flächendeckenden, sicheren und qualitativ hochwertigen Arzneimittelversorgung grundsätzlich unter Art. 36 AEUV, doch lässt sich eine Regelung, die eine durch den Vertrag gewährleistete Grundfreiheit wie den freien Warenverkehr beschränken kann, nur dann mit Erfolg rechtfertigen, wenn sie **geeignet** ist, die Verwirklichung des verfolgten legitimen Ziels zu gewährleisten, und **nicht über das hinausgeht, was zur Erreichung dieses Ziels erforderlich** ist (Grundsatz der **Verhältnismäßigkeit**).

Dabei obliegt es **den nationalen Behörden, die** für die Prüfung der Verhältnismäßigkeit einer Maßnahme **erforderlichen Beweise in jedem Einzelfall beizubringen**. Die Rechtfertigungsgründe, auf die sich ein Mitgliedstaat berufen kann, müssen daher von einer Untersuchung zur Geeignetheit und Verhältnismäßigkeit der von diesem Mitgliedstaat erlassenen Maßnahme sowie von genauen Angaben zur Stützung seines Vorbringens begleitet sein. Eine Regelung ist deshalb nur dann zum Schutz der Gesundheit und des Lebens von Menschen geeignet, wenn **statistische Daten, auf einzelne Punkte beschränkte Daten oder andere Mittel** bei verständiger Würdigung die **Einschätzung erlauben**, dass die **gewählten Mittel zur Verwirklichung der verfolgten Ziele geeignet** sind, und ob es möglich ist, diese Ziele durch Maßnahmen zu erreichen, die den freien Warenverkehr weniger einschränken.

Hier ist bereits fraglich, ob das Preisbindungssystem **geeignet** ist**, den Gesundheitsschutz in adäquater Weise zu verfolgen.**

aa) Mit Ausnahme der schlichten Behauptung hat die Bundesregierung hier keinerlei Nachweise dafür erbracht, inwiefern **durch die Festlegung einheitlicher Preise** für verschreibungspflichtige Arzneimittel eine **bessere geografische Verteilung der traditionellen Apotheken** in Deutschland **sichergestellt** werden soll.

bb) Auch besteht keine Gefahr, dass traditionelle Apotheken aufgrund des Preiswettbewerbs einen **geringeren Vorrat** oder eine **geringere Auswahl an Arzneimittel** vorrätig halten könnten. Im Gegenteil ist zu vermuten, dass die traditionellen Apotheken aufgrund des aufkommenden Wettbewerbs zu größerem Service angehalten sein könnten, um im Wettbewerb zu bestehen. Die Gefahr schlechterer Versorgung bestehe jedenfalls nicht. Ganz im Gegenteil kann ein **Preiswettbewerb den Patienten Vorteile bringen**, da er es gegebenenfalls ermöglichen würde, verschreibungspflichtige Arzneimittel in Deutschland zu günstigeren Preisen anzubieten, als sie derzeit festgelegt werden.

cc) Zum Vorbringen der Bundesregierung, dass sich der Patient, der sich in einem gesundheitlich geschwächten Zustand befinde, nicht veranlasst sehen dürfte, erst eine Marktanalyse durchzuführen, um die Apotheke zu ermitteln, die das gesuchte Arzneimittel zum günstigsten Preis anbiete, ist darauf hinzuweisen, dass das **Bestehen einer tatsächlichen Gefahr für die menschliche Gesundheit** nicht anhand allgemeiner Überlegungen, sondern **auf der Grundlage von relevanten wissenschaftlichen Untersuchungen zu beurteilen ist**. Die insoweit vorgetragenen sehr allgemeinen Überlegungen **reichen zum Nachweis der tatsächlichen Gefahr** für die menschliche Gesundheit, die sich daraus ergeben soll, dass der Verbraucher versuchen kann, sich zu einem geringeren Preis mit verschreibungspflichtigen Arzneimitteln zu versorgen, **in keiner Weise aus**.

dd) Schließlich ist darauf hinzuweisen, dass sich auf die Beurteilung der in Rede stehenden Preisbindungsregelung durch den Gerichtshof nicht auswirkt, dass es weitere nationale Maßnahmen wie das Verbot für Nichtapotheker, Eigentümer oder Betreiber von Apotheken zu sein, gibt, die dem Ziel dienen, in Deutschland eine sichere und qualitativ hochwertige Versorgung mit verschreibungspflichtigen Arzneimitteln sicherzustellen.[23]

Folglich ist die Preisbindung verschreibungspflichtiger Medikamente **nicht** nach Art. 36 AEUV **gerechtfertigt**.

2. Cassis-Formel

Fraglich ist jedoch, ob stattdessen ein **ungeschriebener Rechtfertigungsgrund** eingreift. Nach der sog. Cassis-Formel des Gerichtshofs sind Hemmnisse für den freien Binnenhandel der Union gerechtfertigt, soweit die das Hemmnis auslösenden nationalen Regelungen **unterschiedslos** für in- und ausländische Waren gelten und notwendig sind, um **zwingenden Erfordernissen des Allgemeinwohls** gerecht zu werden.

a) Anwendbarkeit

Selbst wenn man die Cassis-Formel mit der Lit. als ungeschriebenen Rechtfertigungsgrund ansieht, greift er nur dort, wo Art. 36 AEUV nicht einschlä-

23 EuGH RÜ 2016, 794 *Doc Morris III*.

gig ist. Hier war aber mit dem Leben und der Gesundheit von Menschen ein Allgemeinwohlbelang betroffen, der bereits von Art. 36 AEUV erfasst ist.

b) Verhältnismäßigkeit

Für den Fall, dass ein Nebeneinander von Art. 36 AEUV und der Cassis-Formel angenommen wird, müsste die auf sonstige zwingende Allgemeinwohlerfordernisse gestützte Beschränkung jedoch wiederum **verhältnismäßig** sein. Wie die obigen Ausführungen zeigen, ist dies jedoch gerade nicht der Fall.

Ergebnis: Eine Rechtfertigung nach der Cassis-Formel scheidet damit ebenfalls aus, sodass die Beschränkung in die Warenverkehrsfreiheit nicht gerechtfertigt ist.

Fall 9: Warenverkehrsfreiheit, Maßnahmen gleicher Wirkung, Rechtfertigung

Eine neue Vorschrift im französischen Umweltschutzgesetz untersagt beim Verkauf bestimmter Biozidprodukte sämtliche Rabatte, Preisnachlässe, Rückvergütungen sowie die Ausgabe kostenloser Proben und vergleichbarer Praktiken. Biozidprodukte sind alle Stoffe oder Gemische, die dazu bestimmt sind, Schadorganismen zu zerstören, abzuschrecken, unschädlich zu machen, ihre Wirkung zu verhindern oder sie in anderer Weise zu bekämpfen, also z.B. Desinfektionsmittel oder Insektizide. Von dem Verbot sind nur die Biozidprodukte erfasst, von denen das größte Risiko für die menschliche Gesundheit ausgeht. Ausweislich der Gesetzesbegründung soll mit dem Verbot unangebrachter Beschaffung vorgebeugt und dem Risiko einer übermäßigen Verwendung von Biozidprodukten entgegengewirkt werden. Dass eine entsprechende Regelung derartige Wirkungen entfaltet, ist durch Sachverständigengutachten für vergleichbare Regelungen belegt.

Die B-GmbH (B) ist ein deutsches Unternehmen, das von der französischen Regelung betroffene Biozidprodukte herstellt und in Frankreich vertreibt. Sie hält die Regelung für mit der Warenverkehrsfreiheit unvereinbar. Ihre Produkte würden von Preisnachlässen und Rabatten stärker betroffen als inländische Produkte, da B – was zutrifft – ihre Produkte nur über entsprechende Rabatte bewerben und am Markt platzieren kann. B hat deshalb im letzten Quartal 2022 erhebliche Umsatzeinbußen hinnehmen müssen, während französische Produkte einen höheren Absatz verzeichnen konnten. Ist das französische Verbot mit der Warenverkehrsfreiheit vereinbar?

Bearbeitungsvermerk: Gehen Sie bei der Begutachtung davon aus, dass keine vorrangigen Harmonisierungsvorschrift einschlägig ist.

Die Warenverkehrsfreiheit aus Art. 34 AEUV ist durch das Verbot im französischen Umweltgesetz verletzt, wenn die Warenverkehrsfreiheit anwendbar sowie ihr Schutzbereich betroffen ist, das Verbot eine Beschränkung darstellt und diese nicht gerechtfertigt ist.

I. Anwendbarkeit

Mangels vorrangiger sekundärrechtlicher Harmonisierungsmaßnahme (vgl. Art. 114 AEUV) und vorrangiger primärrechtlicher Regelungen (z.B. Art. 38 AEUV) ist die Warenverkehrsfreiheit aus Art. 34 AEUV **anwendbar**.

II. Schutzbereich

Nach h.M. stellt die Warenverkehrsfreiheit eine Produktverkehrsfreiheit dar, sodass eine Prüfung oder Einschränkung des persönlichen Schutzbereichs nicht erforderlich ist.

Der Schutzbereich der Warenverkehrsfreiheit ist **betroffen**, wenn sich das französische Verbot auf EU-Waren auswirkt. **Waren** sind alle körperlichen Gegenstände, die einen Geldwert haben und Gegenstand rechtmäßiger Handelsgeschäfte sein können. Zur **EU-Ware** werden diese Gegenstände nach Art. 28 Abs. 2 AEUV dadurch, dass sie aus den Mitgliedstaaten stammen oder sich in den Mitgliedstaaten im freien Verkehr befinden. B stellt in Deutschland Waren her, die u.a. in Frankreich verkauft werden. Bei den von B hergestellten Produkten handelt es sich deshalb um EU-Waren, der Schutzbereich ist betroffen.

III. Mengenmäßige Einfuhrbeschränkung oder Maßnahme gleicher Wirkung

Die Regelung im französischen Umweltschutzgesetz müsste eine Beschränkung darstellen. Mangels mengenmäßiger Einfuhrbeschränkung kommt vorliegend nur eine Beschränkung i.S.d. **Art. 34 Alt. 2 AEUV** in Betracht. Eine Beschränkung in diesem Sinne liegt vor, wenn sich das französische Verbot als **Maßnahme gleicher Wirkung** wie eine mengenmäßige Einfuhrbeschränkung erweist.

1. Dassonville-Formel

Nach der sog. **Dassonville-Formel** ist hierunter jede Maßnahme eines Mitgliedstaats zu verstehen, die geeignet ist, den innergemeinschaftlichen Handel unmittelbar oder mittelbar, tatsächlich oder potenziell zu behindern. Das französische Verbot hat dazu geführt, dass B ihre Produkte nicht mehr mit Rabattaktionen am französischen Markt platzieren kann. Das verringert den Absatz, wie die Zahlen aus dem dritten Quartal 2022 zeigen. Die so bewirkte Absatzverringerung wirkt damit grundsätzlich wie eine mengenmäßige Einfuhrbeschränkung.

2. Einschränkung durch Keck-Formel

Hier kombiniert der EuGH die Keck-Formel mit dem Marktzugangskriterium, geht indes nur auf die Verkaufsmodalitäten ein. Keiner Einschränkung i.S.d. Keck-Formel unterliegen produktbezogene Regelungen. Hierunter fallen solche Regelungen, die an die Merkmale oder den Inhalt der Ware selbst anknüpfen (z.B. Gewicht, Zusammensetzung, Etikettierung).

Die weite Ausformung des Beschränkungsbegriffs bedarf einer **Einschränkung**. Eine Beschränkung ist abzulehnen, wenn es sich bei dem Verbot im französischen Umweltschutzgesetz um eine nationale Bestimmung handelt, die bestimmte **Verkaufsmodalitäten** beschränkt, sofern sie für alle betroffenen Wirtschaftsteilnehmer gelten, die ihre Tätigkeit im Inland ausüben, und sofern sie den Absatz der inländischen Erzeugnisse und der Erzeugnisse aus anderen Mitgliedstaaten rechtlich wie tatsächlich in der gleichen Weise berühren (sog. Keck-Formel).[24] Sind diese Voraussetzungen erfüllt, ist die Anwendung der Regelung auf den Verkauf von Erzeugnissen aus einem anderen Mitgliedstaat, die den von diesem Staat aufgestellten Bestimmungen entsprechen, nicht geeignet, den **Marktzugang** für diese Erzeugnisse zu versperren oder stärker zu behindern, als sie dies für inländische Erzeugnisse tut.

a) Verkaufsmodalität

Im vorliegenden Fall beziehen sich die französischen Vorschriften des Umweltschutzgesetzes nicht auf die Voraussetzungen, die Biozidprodukte für eine Genehmigung ihres Inverkehrbringens erfüllen müssen. Sie verbieten vielmehr bestimmte Geschäftspraktiken beim Verkauf dieser Erzeugnisse, sodass sie nur die **Art und Weise der Vermarktung** der Erzeugnisse regeln. Es ist somit davon auszugehen, dass diese Bestimmungen **Verkaufsmodalitäten** regeln.

b) Diskriminierungsfrei

Diese erweisen sich jedoch nicht als diskriminierungsfrei, wie die Absatzzahlen der Produkte der B im Vergleich zu französischen, einheimischen Produkten zeigen.

Damit sind die Voraussetzungen der Einschränkung nach der Keck-Formel

24 EuGH Slg. 1994, I-6097 Rn. 16 *Keck u. Mithouard*.

nicht erfüllt. Es liegt eine Maßnahme gleicher Wirkung wie eine mengenmäßige Einfuhrbestimmung vor.

IV. Rechtfertigung

Das französische Verbot ist gerechtfertigt, wenn ein **Rechtfertigungsgrund** eingreift und die hierauf gestützte Maßnahme **verhältnismäßig** ist. Nach Art. 36 AEUV sind solche Beschränkungen gerechtfertigt, die von den Mitgliedstaaten aus bestimmten Gründen des Allgemeininteresses erlassen wurden.

1. Allgemeininteressen

Zu diesen Allgemeininteressen zählt auch der **Schutz der Gesundheit und des Lebens von Menschen**. Hier könnte das französische Verbot zum Schutze der Gesundheit und des Lebens von Menschen nach Art. 36 AEUV gerechtfertigt sein. Dieses Interesse nimmt nach st.Rspr. des Gerichtshofs den **höchsten Rang** ein. Dabei ist es Sache der Mitgliedstaaten zu bestimmen, auf welchem Niveau sie den Schutz der Gesundheit der Bevölkerung gewährleisten wollen und wie dieses Niveau erreicht werden soll. Dem Mitgliedstaat ist dafür ein **Wertungsspielraum** zuzuerkennen. Von Biozidprodukten und ihrer Verbreitung gehen potenzielle Gefahren für die Gesundheit von Menschen aus. Aufgrund des Wertungsspielraums ist es das Recht der französischen Regierung, für ein niedriges Gefährdungsniveau der französischen Bevölkerung einzustehen. Der Wertungsspielraum ist hinsichtlich der betroffenen Produkte nicht überschritten, verfolgt die französische Regierung doch keine schutzfremden (z.B. protektionistischen) Ziele.

2. Verhältnismäßigkeit

Die Ausführungen zum Umweltschutz sind systematisch überflüssig: Wenn ein in Art. 36 AEUV niedergelegter und damit geschriebener Rechtfertigungsgrund eingreift, bedarf es des Rückgriffs auf die Cassis-Formel und damit die ungeschriebenen Rechtfertigungsgründe eigentlich nicht.

Das französische Verbot ist jedoch nur gerechtfertigt, wenn es sich auch als **verhältnismäßig** erweist. Insofern ist zu überprüfen, ob das Verbot erforderlich ist, um das angeführte Ziel zu erreichen, und dass sich dieses Ziel nicht durch Verbote oder Beschränkungen erreichen ließe, die weniger weit gehen oder den Handel innerhalb der Union weniger beeinträchtigen würden. Durch die von dem betreffenden Mitgliedstaat vorgelegten Beweise muss bei verständiger Würdigung die Einschätzung erlaubt sein, dass die gewählten Mittel zur Verwirklichung der verfolgten Ziele geeignet sind, und ob es möglich ist, diese Ziele durch Maßnahmen zu erreichen, die den freien Warenverkehr weniger einschränken.

a) Geeignetheit

Das französische Verbot ist geeignet, wenn es ein brauchbares Mittel zur Erreichung des angestrebten Ziels ist. Ausweislich der Gesetzesbegründung dient das Verbot dazu, die Exposition von Mensch, Tier und Umwelt gegenüber den betreffenden Biozidprodukten zu vermeiden oder zumindest zu verringern, indem die Anreize für eine übermäßige oder unsachgemäße Verwendung reduziert werden. Dass nicht jegliche Verwendung der Produkte durch die Verbotsvorschrift verhindert wird, ist für den Gerichtshof unerheblich. Mit diesem Verbot lässt sich nicht jegliches Risiko einer unnötigen Ausbringung der betreffenden Biozidprodukte ausschließen, dennoch kann damit das Risiko einer Exposition von Mensch, Tier und Umwelt gegenüber einer übermäßigen Verwendung verringert werden, indem verhindert wird, dass ein Erwerber beim Kauf dieser Erzeugnisse einen finanziellen Vorteil erlangt.

b) Erforderlichkeit

Zur Erforderlichkeit und Verhältnismäßigkeit des Verbots ist festzustellen, dass dieses Verbot nicht über das Erforderliche hinausgeht, da die Maßnahmen in Bezug auf die zusätzlichen Informationen, die beim Verkauf dieser Erzeugnisse erforderlich sind, der Attraktivität eines Angebots von Preisnachlässen und Rückvergütungen oder der Ausgabe kostenloser Proben von Biozidprodukten bei deren Verkauf nichts entgegensetzen können.

Darüber hinaus ist zu berücksichtigen, dass das Verbot **nur für die gefährlichsten Biozidprodukte**, hingegen nicht für weniger gefährliche Produktarten gilt. Das Verbot ist deshalb verhältnismäßig, die Beschränkung in der Warenverkehrsfreiheit gerechtfertigt.[25]

Ergebnis: Die Warenverkehrsfreiheit ist durch das Verbot nicht verletzt.

25 EuGH RÜ 2023, 243 ff.

2. Abschnitt: Arbeitnehmerfreizügigkeit

Fall 10: Arbeitnehmerfreizügigkeit, Einschränkung durch Verbandsregeln

Der Fortuna München e.V. (F), dessen erste Mannschaft in der deutschen Bundesliga spielt, beschließt, den 16-jährigen G, der deutscher Staatsangehöriger ist, in seine Jugendmannschaft aufzunehmen und zum Profispieler auszubilden. Der Verein schließt mit G, der von seinen Eltern vertreten wird, einen Vertrag, der auf zwei Jahre befristet ist, G als „Hoffnungsspieler" bezeichnet und diesem ein Ausbildungshonorar für Trainings- und Spielleistungen gewährt. In dem Vertrag befindet sich u.a. eine Klausel, die auf die Reglements der Deutschen Fußball-Union (DFU) und dem Europäischen Fußball-Verband (EuFV) verweist und diese zum Inhalt des Vertrages macht. Die Reglements von DFU und EuFV sehen vor, dass sog. „Hoffnungsspieler", die bei einem professionellen Verein mit einem befristeten Vertrag als Auszubildende beschäftigt sind, einen ihnen vom Ausbildungsverein angebotenen Profivertrag annehmen müssen. Lehnen sie ein solches Vertragsangebot gleichwohl ab, dürfen sie den Verein für die nachfolgenden drei Jahre nicht verlassen.

Am Ende des zweijährigen Ausbildungsvertrages bietet F dem G den Abschluss eines Profivertrages an. G lehnt diesen ab und schließt stattdessen einen Vertrag mit einem Profiverein in Frankreich. Daraufhin nimmt F den G auf Schadensersatz i.H.v. 55.000 € in Anspruch. F beruft sich auf die Reglements von DFU und EuFV. Verstieße der Spieler gegen den Kontrahierungszwang, müsse es F als Ausbildungsverein zumindest möglich sein, Schadensersatz für die Ausbildung zum Profispieler zu verlangen. G verweigert die Zahlung unter Verweis auf Art. 45 AEUV.

Ist die Schadensersatzforderung mit der Arbeitnehmerfreizügigkeit vereinbar?

Eine Schadensersatzforderung ist mit der Arbeitnehmerfreizügigkeit unvereinbar, wenn Art. 45 AEUV anwendbar ist, die Schadensersatzforderung den Schutzbereich beschränkt und diese Beschränkung nicht gerechtfertigt ist.

I. Anwendbarkeit

Mangels vorrangiger Profifußball-Verordnungen ist Art. 45 AEUV anwendbar.

II. Schutzbereich

Weiterhin müsste der Schutzbereich des Art. 45 AEUV eröffnet sein.

1. Persönlicher Schutzbereich

Dies ist hinsichtlich des persönlichen Schutzbereichs der Fall, wenn es sich bei G um einen Unionsbürger handelt, der als Arbeitnehmer angesehen werden kann.

a) Unionsbürger

Unionsbürger ist nach Art. 9 S. 2 EUV, wer die Staatsangehörigkeit eines Mitgliedstaates besitzt. Dies ist bei G als deutschem Staatsangehörigen der Fall.

b) Arbeitnehmer

Als Arbeitnehmer i.S.d. Art. 45 AEUV ist anzusehen, wer während einer bestimmten Zeit für einen anderen nach dessen Weisung Leistungen erbringt, für die er als Gegenleistung eine Vergütung erhält.[26]

G erbringt nach Weisung des von F eingesetzten Trainings- und sonstigen Ausbildungspersonals Trainings- und Spielleistungen. Hierfür erhält er ein Ausbildungsgehalt, sodass er grundsätzlich als Arbeitnehmer anzusehen ist. Allerdings erbringt G keine Arbeits- oder Dienstleistung im klassischen Sinne, sondern wird als Fußballspieler trainiert. Dementsprechend könnte es sich um eine untergeordnete Leistung handeln oder seine Tätigkeit gar dem außerhalb des Wirtschaftslebens anzusiedelnden Freizeitbereich zuzuordnen sein.

Das Merkmal der Weisungsgebundenheit dient der Abgrenzung der Arbeitnehmerfreizügigkeit zur Dienstleistungs- und Niederlassungsfreiheit.

aa) Weiter Leistungsbegriff

Der **Begriff** der vom Arbeitnehmer zu erbringenden **Leistung** wird indes weit **ausgelegt**. Diese muss nur einen gewissen wirtschaftlichen Wert haben, worunter auch geringfügige Tätigkeiten fallen, es sei denn, diese sind völlig untergeordnet und unwesentlich. Im Hinblick auf die Vermarktung der Mannschaften und der Spiele ist die Leistung des G nicht als völlig untergeordnet anzusehen. Dies gilt vor allem vor dem Hintergrund, dass er während der zweijährigen Vertragslaufzeit eine Ausbildung zum Profispieler durchläuft.

bb) Nicht nur Freizeitfußballer

In dieser Situation ist die Stellung des G der eines Fußballprofis angenähert, die eine unselbstständige Tätigkeit ausüben bzw. entgeltliche Dienstleistungen erbringen.[27] Dementsprechend ist nicht nur der unwirtschaftliche Freizeitbereich des Fußballs betroffen.

G ist folglich Arbeitnehmer i.S.d. Art. 45 AEUV, der persönliche Schutzbereich ist eröffnet.

2. Sachlicher Schutzbereich

Der sachliche Schutzbereich der Arbeitnehmerfreizügigkeit umfasst die in Art. 45 Abs. 2 und 3 AEUV näher bezeichneten Rechte, die zusammen ein **einheitliches Recht** der Arbeitnehmerfreizügigkeit ausbilden. Durch die Schadensersatzforderung kann es G erschwert werden, sich auf tatsächlich angebotene Stellen bei anderen Vereinen als seinem Ausbildungsverein zu bewerben (Art. 45 Abs. 3 Buchst. a AEUV). Insofern ist auch der sachliche Schutzbereich eröffnet.

3. Grenzüberschreitender Bezug

Es könnte jedoch am grenzüberschreitenden Bezug fehlen. Die Schadensersatzforderung wird von dem deutschen Verein F gegenüber dem deut-

Da die Grundfreiheiten den Binnenmarkt innerhalb der EU absichern, schützen sie nicht vor sog. reinen Inländerdiskriminierungen.

26 EuGH EuZW 2014, 946 Rn. 28 *Haralambidis*; Slg. 1986, 212 Rn. 12 *Lawrie-Blum*.

27 EuGH NJW 1996, 505, 508 *Bosman*; EuZW 2010, 342, 343 *Bernard*.

schen Staatsangehörigen G geltend gemacht. Es könnte somit ein Sachverhalt vorliegen, der einen Mitgliedstaat rein intern betrifft. F versucht jedoch, den G mit der Schadensersatzforderung an einem Wechsel nach Frankreich und damit in das europäische Ausland zu hindern oder diesen Wechsel zumindest weniger attraktiv zu machen. Folglich weist der Sachverhalt einen grenzüberschreitenden Bezug auf.

4. Bereichsausnahme, Art. 45 Abs. 4 AEUV

Die Tätigkeit des G ist letztlich auch nicht mit einer Beschäftigung in der öffentlichen Verwaltung verbunden, sodass die Bereichsausnahme des Art. 45 Abs. 4 AEUV nicht eingreift.

Der Schutzbereich der Arbeitnehmerfreizügigkeit ist eröffnet.

III. Beschränkung

In der Schadensersatzforderung könnte eine Beschränkung in die Arbeitnehmerfreizügigkeit liegen. Eine Beschränkung ist gegeben bei einer **Diskriminierung** oder einer **sonstigen Beschränkung** der Arbeitnehmerfreizügigkeit.

1. Diskriminierung

Da sich die Grundfreiheiten primär an die Mitgliedstaaten und ihre Organe richten, muss die Diskriminierung oder Beschränkung grundsätzlich von einer **mitgliedstaatlichen Maßnahme oder Regelung** ausgehen. Vorliegend macht jedoch F gegen G einen Schadensersatzanspruch aus einem **privatrechtlichen Vertrag** bzw. der Verletzung von **Regularien privater Fußballverbände** geltend. Dies kann nur als Beschränkung angesehen werden, wenn die Arbeitnehmerfreizügigkeit **unmittelbare Drittwirkung** entfaltet.

Die unmittelbare Drittwirkung der Arbeitnehmerfreizügigkeit erstreckt sich nach dem Gerichtshof sogar auf das Verhältnis zwischen Privatpersonen, sodass einzelne Bestimmungen des Arbeitsvertrages an Art. 45 AEUV gemessen werden können.[28]

a) Der **Gerichtshof** erkennt eine unmittelbare Drittwirkung an. Das Diskriminierungsverbot aus Art. 45 AEUV gelte nicht nur für Akte staatlicher Behörden, sondern auch für Maßnahmen, die eine **kollektive Regelung im Arbeits- und Dienstleistungsbereich** enthalten (z.B. Verbands- oder Tarifvertragsregeln). Die Arbeitnehmerfreizügigkeit wäre gefährdet, wenn die Abschaffung der Schranken staatlichen Ursprungs durch Hindernisse zunichte gemacht werden könnte, die sich daraus ergeben, dass nicht dem öffentlichen Recht unterliegende Vereinigungen und Einrichtungen von ihrer rechtlichen Autonomie Gebrauch machen. Zudem seien die Arbeitsbedingungen in den Mitgliedstaaten nicht nur durch Gesetze oder Verordnungen, sondern auch durch von Privatpersonen geschlossene Verträge oder sonstige Akte geregelt. Ohne die unmittelbare Drittwirkung könnten sich Ungleichheiten für die Arbeitnehmer ergeben.[29]

F stützt ihren Schadensersatzanspruch auf die Verletzung der Vorschriften über „Hoffnungsspieler" der DFU und der EuFV und somit auf Verbandsregeln. Damit wäre nach dieser Ansicht eine unmittelbare Drittwirkung zu bejahen.

b) Die **Lit.** spricht sich gegen eine unbeschränkte unmittelbare Drittwirkung der Arbeitnehmerfreizügigkeit aus. Der Wortlaut des Art. 45 AEUV

28 EuGH EuZW 2000, 468 *Angonese*.
29 EuGH NJW 1996, 505 Rn. 83 f. *Bosman*; NJW 1975, 1093 Rn. 18 f. *Walrave*.

nehme keinen Bezug auf Privatpersonen, sondern richte sich an die Mitgliedstaaten. Die unmittelbare Wirkung könne allenfalls ausnahmsweise anerkannt werden, wenn private Verbände anstelle des Staates oder mit vergleichbarer Wirkung tätig werden.[30]

Die Fußballverbände operieren aus einer herausgehobenen Stellung. Die von ihnen herausgegebenen Regularien können zumindest als verordnungsähnlich angesehen werden, da sich sämtliche Vereine diesen Regularien unterworfen haben und die Vereine die Verbandsregeln in der täglichen Vereinsarbeit und im Rahmen des Vertragsabschlusses mit Profispielern berücksichtigen. Folglich kommt auch nach dieser Auffassung ausnahmsweise eine unmittelbare Drittwirkung in Betracht.

Nach beiden Ansichten ist eine unmittelbare Drittwirkung anzuerkennen, einer Streitentscheidung bedarf es demnach nicht.

2. Sonstige Beschränkung

Die Schadensersatzforderung knüpft nicht an die Staatsangehörigkeit des G an und wirkt sich auch sonst nicht negativ auf ausländische Staatsangehörige aus, sodass sie nicht als **Diskriminierung** eingeordnet werden kann. Es könnte allerdings eine Beschränkung in Gestalt einer **sonstigen Beschränkung** vorliegen. Eine solche ist in jeder Regelung oder Maßnahme zu sehen, die zwar unabhängig von der Staatsangehörigkeit der Arbeitnehmer anwendbar ist, aber die Ausübung einer unselbstständigen Tätigkeit behindern oder weniger attraktiv machen (sog. **Gebhard-Formel**).[31] Dabei muss sich die Beschränkung aber auf den **Zugang zur Berufstätigkeit** und damit die **freie Wahl des Arbeitsortes** betreffen.[32] Der Kontrahierungszwang mit dem Ausbildungsverein bewirkt, dass der Ausbildungsspieler zwangsläufig an eine weitere Tätigkeit im Sitzland des Ausbildungsvereins gebunden ist. Zwar stehen die Reglements der Fußballverbände der Wirksamkeit eines gleichwohl mit einem anderen Verein unter Umgehung des Kontrahierungszwangs oder des Wechselverbotes abgeschlossenem Profivertrag nicht entgegen, sodass G für den französischen Verein auflaufen und einen Vertrag diesem gegenüber erfüllen kann. Jedoch sehen sich die Spieler dann Schadensersatzforderungen der ausbildenden Vereine ausgesetzt, da der Vertragsschluss unter Verletzung der sich aus den Regularien ergebenden Pflichten der Spieler erfolgt ist. Diese Reglements sowie deren Folgen sind daher geeignet, die Ausbildungsspieler von einem Wechsel zu einem Verein in einem anderen Mitgliedstaat und damit von einem Gebrauch ihres Rechts auf Freizügigkeit abzuhalten. Zumindest wird die Ausübung des Freizügigkeitsrechts aufgrund der zu erwartenden Schadensersatzforderung weniger attraktiv, sodass eine sonstige Beschränkung vorliegt.

IV. Rechtfertigung

Die Beschränkung könnte jedoch gerechtfertigt sein.

---

30 Franzen in: Streinz, Art. 45 AEUV Rn. 93; Streinz/Leible EuZW 2000, 459, 465.

31 EuGH Slg. 1995, I-4165 Rn. 37 *Gebhard*; NJW 1996, 505 Rn. 96 *Bosman*; NJW 2017, 2603 Rn. 33 *Erzberger/TUI AG*.

32 EuGH EuZW 2000, 252 Rn. 23 *Graf*.

1. Geschriebener Rechtfertigungsgrund, Art. 45 Abs.3 AEUV

Gründe der öffentlichen Ordnung, Sicherheit oder Gesundheit als in Art. 45 Abs. 3 AEUV ausdrücklich niedergelegte Rechtfertigungsgründe greifen nicht ein.

2. Ungeschriebener Rechtfertigungsgrund

Darüber hinaus sind solche Beschränkungen zulässig, die einen mit den Verträgen zu vereinbarenden berechtigten Zweck verfolgen und damit aus **zwingenden Gründen des Allgemeininteresses** gerechtfertigt sind. Die hierauf gestützten Beschränkungen müssen dabei **verhältnismäßig** sein.

a) Zwingender Grund des Allgemeininteresses

Als zwingender Grund des Allgemeininteresses kommt hier die **Förderung der Einstellung und Ausbildung** junger Spieler in Betracht. Angesichts der sozialen Bedeutung, die dem Sport im Allgemeinen und dem Fußball im Besonderen in der Europäischen Union zukommt, ist es legitim, Anreize zu setzen, durch die entsprechende Aktivitäten der Fußballvereine in den einzelnen Mitgliedstaaten gefördert werden. Darüber hinaus sollen die Vorschriften des Reglements helfen, das **Gleichgewicht** und die **Chancengleichheit zwischen den Vereinen** zu bewahren, die anderenfalls von der ungewissen Ausbildung Abstand nehmen oder sich gegenseitig Talente nach erfolgter Ausbildung abspenstig machen können.[33] Ein zwingender Grund des Allgemeinwohls liegt damit vor.

b) Verhältnismäßigkeit

Allerdings müsste sich der Schadensersatzanspruch im Falle eines Wechsels als verhältnismäßig erweisen.

aa) Geeignetheit

Der Schadensersatzanspruch müsste zunächst zur Zweckförderung geeignet sein. Die Ausbildung von Nachwuchsspielern ist durch erhebliche Aufwendungen gekennzeichnet, die der Ausbildungsverein oftmals über mehrere Jahre erbringt. Könnten die Spieler unmittelbar nach Ablauf ihres Ausbildungsvertrages ohne eine Ablöse oder einen Schadensersatz als Ausbildungsentschädigung zu einem anderen Verein wechseln, könnten die Vereine davon abgehalten werden, überhaupt neue Spieler auszubilden. Dies ist insbesondere bei kleineren Vereinen der Fall, deren Investitionen in die Anwerbung und Ausbildung von Nachwuchsspielern auf lokaler Ebene aber **von erheblicher Bedeutung für die Erfüllung der sozialen und erzieherischen Funktionen** des Sports sind. Demnach ist die Aussicht auf die Erlangung von Ausbildungsentschädigungen geeignet, die Fußballvereine zu ermutigen, nach Talenten zu suchen und für die Ausbildung der Spieler zu sorgen.[34]

bb) Erforderlichkeit

Allerdings könnte der Schadensersatzanspruch **nicht erforderlich** sein. Dies ist der Fall, wenn die Einstellung und Ausbildung von Nachwuchsspielern genauso wirksam durch Maßnahmen gefördert werden könnten, wel-

---

33 EuGH NJW 1996, 505 Rn. 105 *Bosman.*

34 EuGH RÜ 2010, 447, 449 Rn. 41 *Bernard.*

che die Freizügigkeit der einzelnen Spieler weniger beeinträchtigen. Als milderes Mittel kommt ein **genau bezifferter Schadensersatzanspruch** in Betracht, der ausschließlich die Kosten berücksichtigt, die den Vereinen durch die Ausbildung entstehen. Bislang ist nicht festgelegt, an welchen **Kriterien** der eingeforderte Schadensersatz überhaupt bemessen wird. Dementsprechend ist es für den einzelnen Nachwuchsspieler nicht von vornherein erkennbar, welchem konkret bezifferten Risiko er sich aussetzt, wenn er bei einem anderen Verein unterschreibt. Auch durch einen eingeschränkten Schadensersatzanspruch würde die Ausbildungsbereitschaft der Vereine weiterhin befördert und sie in die Lage versetzt, etwaig entstandene Nachteile abzufedern. Ein unbeschränkter Anspruch ist demnach nicht erforderlich.[35]

Ergebnis: Der geltend gemachte Schadensersatzanspruch ist mit Art. 45 AEUV unvereinbar.

35 EuGH RÜ 2010, 447, 449 Rn. 48 *Bernard.*

Fall 11: Arbeitnehmerfreizügigkeit, Bereichsausnahme nach Art. 45 Abs. 4 AEUV

Die belgische Studentin B wechselt an eine deutsche Universität im Bundesland L. Sie will ihre Sprachkenntnisse vertiefen, da sie u.a. Deutsch unterrichten will. Am Ende des Austauschsemesters beschließt sie, ihr Lehramtsstudium in Deutschland abzuschließen und im Anschluss daran auch in Deutschland zu unterrichten.

Nachdem sie erfolgreich die erste Staatsprüfung abgelegt hat, bewirbt sie sich bei der Bezirksregierung M, die im Land L für die Einstellung der Studienreferendare zuständig ist, um Aufnahme in den Vorbereitungsdienst. Die angehenden Lehrer werden nach den Vorschriften des Lehrerausbildungsgesetzes (LABG) als Beamte auf Widerruf in den Vorbereitungsdienst übernommen, der sie auf ihre spätere Lehrertätigkeit praktisch vorbereiten soll. Sie werden einer Schule zugewiesen und unterstehen den Weisungen der dortigen Lehrkräfte. An der Schule unterrichten sie – wenngleich in geringfügigem Umfang – selbst. Während der Zeit des Vorbereitungsdienstes erhalten sie eine Besoldung.

Das Einstellungsgesuch der B wird von der Bezirksregierung M mit der Begründung abgelehnt, dass ihre belgische Staatsangehörigkeit der Einstellung entgegenstehe. Nach § 9 LABG dürfe den Vorbereitungsdienst nur ableisten, wer die deutsche Staatsangehörigkeit besitze. Nach erfolglos durchgeführtem Vorverfahren klagt B auf Einstellung. Zur Begründung ihrer Klage führt sie an, dass § 9 LABG gegen die Arbeitnehmerfreizügigkeit aus Art. 45 AEUV verstoße und deshalb vom zuständigen Verwaltungsgericht nicht angewendet werden dürfe. M beruft sich demgegenüber darauf, dass die Lehramtsreferendare keine Arbeitnehmer seien. Sie würden in ein Beamtenverhältnis auf Widerruf aufgenommen, nur eine geringe Anzahl an Wochenstunden leisten, die Besoldung würde weit unterhalb der verbeamteter Lehrer liegen und sie würden keine wirtschaftliche Tätigkeit erbringen. Jedenfalls greife Art. 45 Abs. 4 AEUV ein.

Verstößt § 9 LABG gegen die Arbeitnehmerfreizügigkeit, wenn keine vorrangigen sekundärrechtlichen Regelungen einschlägig sind?

Die Vorschrift des § 9 LABG verletzt die Arbeitnehmerfreizügigkeit, wenn Art. 45 AEUV anwendbar ist, die Vorschrift den Schutzbereich der Arbeitnehmerfreizügigkeit beschränkt und die Beschränkung nicht gerechtfertigt ist.

I. Anwendbarkeit

Die Arbeitnehmerfreizügigkeit aus Art. 45 AEUV ist mangels vorrangiger sekundärrechtlicher Regelung anwendbar.

II. Schutzbereich

Darüber hinaus müsste der Schutzbereich der Arbeitnehmerfreizügigkeit eröffnet sein.

1. Persönlicher Schutzbereich

Dies ist hinsichtlich des persönlichen Schutzbereichs der Fall, wenn es sich bei B um eine Unionsbürgerin handelt, die als Arbeitnehmer angesehen werden kann.

a) Unionsbürger

Unionsbürger ist nach Art. 9 S. 2 EUV, wer die Staatsangehörigkeit eines Mitgliedstaates besitzt. Dies ist bei B als belgische Staatsangehörige der Fall.

b) Arbeitnehmer

Als **Arbeitnehmer** i.S.d. Art. 45 AEUV ist anzusehen, wer während einer bestimmten Zeit für einen anderen nach dessen Weisung Leistungen erbringt, für die er als Gegenleistung eine Vergütung erhält.

aa) Weisung

Die Studienreferendare unterstehen während der gesamten Dauer des Vorbereitungsdienstes den Weisungen und der Aufsicht des Personals der Schule, der sie zugewiesen sind. Das dort tätige Lehrpersonal entscheidet über die von den Studienreferendaren zu erbringenden Leistungen und schreibt die Arbeitszeiten vor. Darüber hinaus haben die Studienreferendare deren Anweisungen auszuführen und deren Vorschriften einzuhalten. Während eines wesentlichen Teils des Vorbereitungsdienstes haben die Studienreferendare den Schülern Unterricht zu erteilen und erbringen damit zugunsten der Schule Dienstleistungen, die einen gewissen wirtschaftlichen Wert haben. Die Bezüge, welche die Studienreferendare erhalten, stellen eine Vergütung und damit eine Gegenleistung für die erbrachten Dienstleistungen und die Verpflichtungen, welche die Ableistung des Vorbereitungsdienstes mit sich bringt, dar. Die Kriterien für das Bestehen eines Arbeitsverhältnisses sind folglich erfüllt, sodass Studienreferendare grundsätzlich als Arbeitnehmer angesehen werden können.

bb) Leistung

Der Einordnung der Studienreferendare als Arbeitnehmer könnte jedoch entgegenstehen, dass ihre Tätigkeit eine **praktische Vorbereitung** auf die spätere Berufstätigkeit ist. Damit könnte sie lediglich als Vorstufe der Arbeitnehmertätigkeit anzusehen sein. Dagegen spricht jedoch die Erfüllung der o.g. Arbeitnehmerdefinition. Jeder Dienst, der unter den Bedingungen der Tätigkeit im Lohn- und Geschäftsverhältnis abgeleistet wird, qualifiziert den Dienstleistenden zum Arbeitnehmer, unabhängig davon, ob er bereits voll ausgebildet seinen Beruf ausübt oder die Tätigkeit der Berufsausbildung dient.

M wendet weiterhin ein, die **geringe Anzahl an Wochenstunden**, welche von den Studienreferendaren abgeleistet würden, und die **unter den Mindestbezügen eines vollbeamteten Lehrers liegende Besoldung** würden die Einordnung als Arbeitnehmer verhindern. Da der Begriff des Arbeitnehmers jedoch weit auszulegen ist (s.o.) und nicht der Einflussnahme der Mitgliedstaaten unterliegen darf, sind auch solche Personen als Arbeitnehmer anzusehen, die, weil sie keiner Vollbeschäftigung nachgehen, nur ein Einkommen beziehen, dass unter dem für eine Vollzeitbeschäftigung liegt, sofern es sich um die Ausübung tatsächlicher und echter Tätigkeit handelt. In welchem Umfang eine Person Arbeitnehmer ist, kann deshalb für die Einordnung als Arbeitnehmer ebenfalls nicht von Belang sein. Anderenfalls würde die Arbeitnehmerfreizügigkeit nur den in Vollzeit tätigen Arbeitnehmern zur Verfügung stehen. Damit würde Art. 45 AEUV in einer Weise eingeschränkt, die weder in den Motiven der Vertragsparteien noch im Wortlaut der Vorschrift eine Stütze findet.

Ähnlich wie bei Profisportlern (vgl. Fall 10) kommt es ausschließlich darauf an, dass die Tätigkeit gegen ein Entgelt erbracht wird.

cc) Vergütung

Letztlich könnte der Einwand der M durchgreifen, dass die Lehramtsreferendare **keine wirtschaftliche Tätigkeit erbringen**. Für die Anwendung des Art. 45 AEUV ist allerdings nur erforderlich, dass die Tätigkeit den Charakter einer **entgeltlichen Arbeitsleistung** hat, unabhängig davon, in welchem Bereich sie erbracht wird.

Die wirtschaftliche Natur der Tätigkeit der Studienreferendare kann ferner nicht deshalb verneint werden, weil sie in einem öffentlich-rechtlichen Status ausgeübt wird, da die Art des Rechtsverhältnisses zwischen Arbeitnehmer und Arbeitgeber – öffentlich-rechtlicher Status oder privatrechtlicher Vertrag – für die Anwendung des Art. 45 AEUV unerheblich ist. Die Studienreferendare sind demzufolge Arbeitnehmer i.S.d. Art. 45 AEUV.

Der persönliche Schutzbereich ist folglich eröffnet.

2. Sachlicher Schutzbereich

Der sachliche Schutzbereich umfasst die in Art. 45 Abs. 2 und Abs. 3 AEUV umschriebenen Rechte und bildet somit ein **einheitliches Recht der Arbeitnehmerfreizügigkeit**. Die Einstellung in den Vorbereitungsdienst wird vom **Recht auf gleichen Zugang zur Beschäftigung** i.S.d. Art. 45 Abs. 2 lit. a AEUV erfasst. Danach ist jeder Unionsbürger ungeachtet seines Wohnortes berechtigt, eine Tätigkeit als Arbeitnehmer im Gebiet eines anderen Mitgliedstaates nach den dort geltenden Rechts- und Verwaltungsvorschriften aufzunehmen und auszuüben. Hier bewirbt sich die belgische Staatsangehörige B auf Aufnahme in den Vorbereitungsdienst und damit um die Aufnahme in eine Stellung als Arbeitnehmerin. Vor diesem Hintergrund liegt auch ein **grenzüberschreitender Bezug** vor. Folglich ist auch der sachliche Schutzbereich der Arbeitnehmerfreizügigkeit eröffnet.

Zum Teil wird Art. 45 Abs. 4 AEUV als Rechtfertigungsgrund geprüft.[36] Hiergegen spricht jedoch der Wortlaut der Norm, nach der Art. 45 AEUV auf die Beschäftigung in der öffentlichen Verwaltung „keine Anwendung" finden soll.[37]

3. Bereichsausnahme, Art. 45 Abs. 4 AEUV

Der Schutzbereich ist gleichwohl nicht eröffnet, wenn die Bereichsausnahme nach Art. 45 Abs. 4 AEUV eingreift. Danach findet die Arbeitnehmerfreizügigkeit keine Anwendung für die **Beschäftigung in der öffentlichen Verwaltung**.

aa) Beschäftigungsverhältnis

Von einer Beschäftigung in der öffentlichen Verwaltung könnte hier bereits deshalb auszugehen sein, weil die Studienreferendare für den Vorbereitungsdienst in ein **Beamtenverhältnis auf Widerruf** berufen werden. Dagegen spricht jedoch, dass Bereichsausnahmen wie Art. 45 Abs. 4 AEUV **eng auszulegen** sind, damit sich ihre Tragweite auf das beschränkt, was zur Wahrung der Interessen, die diese Bestimmung den Mitgliedstaaten zu schützen erlaubt, unbedingt erforderlich ist. Würde man den formalen Akt der Verbeamtung ausreichen lassen, um alle betroffenen Personen von der

36 Jarass EuR 1995, 202, 221 ff.

37 Forsthoff/Eisendle in: Grabitz/Hilf/Nettesheim, Art. 45 AEUV Rn. 436.

Anwendung der Arbeitnehmerfreizügigkeit auszunehmen, gäbe man den Mitgliedstaaten die Möglichkeit, nach Belieben die Beschäftigungen zu bestimmen, die unter diese Ausnahmegenehmigung fallen. Denn die Mitgliedstaaten haben das Recht zu entscheiden, welche Personen- oder Beschäftigungsgruppen in ein Beamtenverhältnis berufen werden sollen. Demnach ist die **rechtliche Ausgestaltung des Beschäftigungsverhältnisses**, also ob jemand nach nationalem Recht als angestellter Arbeitnehmer oder Beamter beschäftigt wird oder ob sein Beschäftigungsverhältnis öffentlichem oder privatem Recht unterliegt, **ohne Bedeutung**.[38]

bb) Verhältnis besonderer Verbundenheit

Unter welchen Umständen von einer Beschäftigung in der öffentlichen Verwaltung ausgegangen werden kann, ist aus diesem Grund nach rein materiellen Kriterien zu bestimmen. Voraussetzung ist ein **Verhältnis besonderer Verbundenheit** des jeweiligen Stelleninhabers zum Staat. Dieses Verhältnis muss dabei von einer **Gegenseitigkeit von Rechten und Pflichten** geprägt sein, die dem Staatsangehörigkeitsband zugrunde liegen. Hiervon wird insbesondere dann ausgegangen, wenn die Tätigkeit die unmittelbare oder mittelbare Teilnahme an der Ausübung hoheitlicher Befugnisse beinhaltet. Ebenfalls wird die besondere Verbundenheit für den Fall angenommen, dass solche Aufgaben wahrgenommen werden, die auf die Wahrung der allgemeinen Belange des Staates oder anderer öffentlich-rechtlicher Körperschaften gerichtet sind.

Die Studienreferendare nehmen im Rahmen ihrer Unterrichtstätigkeit keine spezifischen Hoheitsrechte wahr und üben keine Hoheitsgewalt aus. Ihre Tätigkeit ist ausschließlich durch den Unterricht geprägt und bringt damit keine besondere Verbundenheit zum Staat zum Ausdruck. Obwohl die Tätigkeit formal für den Staat und in einem Beamtenverhältnis erbracht wird, zählt die spezifische Tätigkeit des Studienreferendars nicht zur Beschäftigung in der öffentlichen Verwaltung i.S.d. Art. 45 Abs. 4 AEUV. Die Bereichsausnahme greift folglich nicht ein.

Der Schutzbereich ist damit eröffnet.

III. Beschränkung

§ 9 LABG müsste sich als Beschränkung in den Schutzbereich darstellen. Dies ist der Fall, wenn die Vorschrift eine **Diskriminierung** der Arbeitnehmer oder eine **sonstige Beeinträchtigung** bewirkt. § 9 LABG könnte eine **Diskriminierung aufgrund der Staatsangehörigkeit** i.S.d. § 45 Abs. 2 AEUV und damit eine offene Diskriminierung enthalten. Danach ist jede auf der Staatsangehörigkeit beruhende unterschiedliche Behandlung der Arbeitnehmer in Bezug auf die Beschäftigung, Entlohnung und sonstige Arbeitsbedingungen untersagt. Eine Ungleichbehandlung liegt dabei vor, wenn unterschiedliche Vorschriften auf gleichartige oder zumindest vergleichbare Situationen angewandt werden oder wenn dieselbe Vorschrift auf unterschiedliche Situationen angewandt wird. Die Ungleichbehandlung verstößt gegen das Verbot der Diskriminierung aus Gründen der Staatsangehörigkeit, wenn die Vorschriften ausdrücklich zwischen Inlän-

38 EuGH EuZW 2014, 945 Rn. 40 *Haralambidis;* Slg. 1974, 153 Rn. 4 *Sotgiu;* Slg. 1986, 2121 Rn. 22 *Lawrie-Blum.*

dern und EU-Arbeitnehmern unterscheidet. Nach § 9 LABG werden in den Vorbereitungsdienst an deutschen Schulen ausschließlich deutsche Staatsangehörige aufgenommen. Die einheitliche Norm begünstigt im Hinblick auf die Beschäftigung ausschließlich Deutsche und versperrt anderen Staatsangehörigen den Weg in den Vorbereitungsdienst. Damit liegt eine offene Diskriminierung und folglich eine Beschränkung des Schutzbereichs vor.

IV. Rechtfertigung

Fraglich ist, ob der Verstoß gegen das Diskriminierungsverbot gerechtfertigt ist.

1. Nach einem **Teil der Lit.** kommt in Art. 45 Abs. 2 AEUV ein **absolutes Differenzierungsverbot** hinsichtlich der Staatsangehörigkeit zum Ausdruck, das keiner Rechtfertigung zugänglich ist.[39] Nach dieser Auffassung verletzt § 9 LABG deshalb die Arbeitnehmerfreizügigkeit.

2. Nach der **Gegenauffassung** sind Verstöße gegen das Diskriminierungsverbot des Art. 45 Abs. 2 AEUV grundsätzlich zu rechtfertigen.[40] Allerdings dürfte dabei im Falle der offenen Diskriminierung, wie sie in § 9 LABG zum Ausdruck kommt, ausschließlich auf die **geschriebenen Rechtfertigungsgründe des Art. 45 Abs. 3 AEUV** zurückgegriffen werden. Die darin enthaltenen Rechtfertigungsgründe werden indes **eng ausgelegt**. Die **öffentliche Ordnung** kann demnach nur herangezogen werden, wenn eine tatsächliche und hinreichend schwere Gefährdung vorliegt, die ein Grundinteresse der Gesellschaft berührt. Ein solcher Umstand ist hier nicht erkennbar. Die **öffentliche Sicherheit** erfasst sowohl die innere als auch die äußere Sicherheit des jeweiligen Mitgliedstaates. Diese ist durch die Aufnahme von EU-Ausländern in den Vorbereitungsdienst jedoch nicht bedroht und scheidet damit ebenfalls aus. Die **öffentliche Gesundheit** kann eine die Freizügigkeit beschränkende Maßnahme nur rechtfertigen, wenn Krankheiten mit epidemischem Potenzial i.S.d. WHO-Bestimmungen und sonstige übertragbare, durch Infektionserreger oder Parasiten verursachte Krankheiten zum Anlass genommen werden. Jedoch waren hier keine Erkrankungen Anlass für die Beschränkung des Zugangs zum Vorbereitungsdienst auf deutsche Staatsangehörige. Folglich greift keiner der Rechtfertigungsgründe des Art. 45 Abs. 3 AEUV ein, sodass die Diskriminierung nach dieser Auffassung ebenfalls nicht gerechtfertigt werden kann.

Demnach kommen beide Auffassungen zu einem übereinstimmenden Ergebnis, sodass es keiner abschließenden Streitentscheidung bedarf.

Ergebnis: § 9 LABG verletzt die Arbeitnehmerfreizügigkeit.

39 Brechmann in: Calliess/Ruffert Art. 45 AEUV Rn. 46 m.w.N.

40 Vgl. EuGH EuZW 2010, 342 Rn. 38 ff. *Olympique Lyonnais*; EuZW 1996, 92 Rn. 37 *Gebhard*.

3. Abschnitt: Niederlassungsfreiheit

Fall 12: Niederlassungsfreiheit, Fremdbesitzverbot für Apotheken

Nach § 1 Abs. 2 des deutschen Apothekengesetzes (ApoG) bedarf jeder, der eine Apotheke betreiben will, der Erlaubnis der zuständigen Aufsichtsbehörde. Voraussetzung für die Erteilung der Erlaubnis ist u.a. nach § 2 Abs. 1 Nr. 3 ApoG, dass der potenzielle Betreiber der Apotheke die deutsche Approbation als Apotheker besitzt. Um Strohmanngeschäfte zu verhindern, statuiert § 7 S. 1 ApoG die Pflicht des Betreibers, der im Besitz einer entsprechenden Erlaubnis ist, die Apotheke persönlich und in eigener Verantwortung zu leiten. Wollen mehrere Personen zusammen eine Apotheke betreiben, ist dies grundsätzlich möglich; § 8 S. 1 ApoG enthält jedoch die Einschränkungen, dass dies zum einen nur in der Rechtsform einer Gesellschaft bürgerlichen Rechts oder einer offenen Handelsgesellschaft, nicht dagegen als Aktiengesellschaft möglich ist und das jeder Gesellschafter der Erlaubnis zum Betrieb der Apotheke bedarf.

Die Pharm Norris BV (P) ist eine Aktiengesellschaft mit Sitz in den Niederlanden, die u.a. einen Versandhandel für Arzneimittel betreibt. Um weiter zu expandieren und auch den lokalen Handel mit Arzneimitteln in das Unternehmen zu integrieren, beabsichtigt das Unternehmen die Eröffnung einer Apotheke in Deutschland, die als Zweigstelle der Hauptniederlassung betrieben werden soll. P stellt deshalb einen Antrag auf Erteilung einer Erlaubnis. Auf Nachfrage der zuständigen Behörde teilt P mit, das Unternehmen selbst sei als Betreiber der Apotheke geplant; eine Kooperation mit lokalen Apothekern sei nicht beabsichtigt. Der mit der Entscheidung betraute Sachbearbeiter (S) hat Bedenken, ob die Regelungen im ApoG mit der Niederlassungsfreiheit des AEUV vereinbar sind. Schließlich würde durch die Regelung der Betrieb deutscher Apotheken durch Gesellschaften mit Sitz im EU-Ausland faktisch unmöglich gemacht. Zwar sei verständlich, dass die Apotheken nur von approbierten Apothekern betrieben werden sollen, um unabhängig zum Wohle der Patienten agieren zu können. Allerdings könnten auch Verpflichtungen zur Anstellung und Anwesenheit von Apothekern in von Dritten geführten Apotheken oder eine Verpflichtung zum Abschluss von Versicherungen vorgesehen werden, um den Gefahren zu begegnen, die von fremdgeführten Apotheken ausgehen. Sind die Bedenken des S berechtigt?

Bearbeitungshinweis: Die Normen des ApoG haben den im Sachverhalt wiedergegebenen Inhalt. Auf den genauen Wortlaut der Vorschriften kommt es bei der Begutachtung nicht an. Sekundärrecht ist nicht einschlägig.

Die Bedenken des Sachbearbeiters sind berechtigt, wenn die §§ 1, 2, 7, 8 ApoG mit der Niederlassungsfreiheit unvereinbar sind. Dies ist der Fall, wenn die Vorschriften den Schutzbereich der Niederlassungsfreiheit beschränken und die Beschränkung nicht gerechtfertigt ist.

Ist das Sekundärrecht – wie hier – ausdrücklich ausgeschlossen, kannst Du die Prüfung der Anwendbarkeit auslassen.

I. Schutzbereich

Zunächst müsste der Schutzbereich der Niederlassungsfreiheit eröffnet sein.

1. Sachlicher Schutzbereich

Sachlich gestattet der Schutzbereich des Art. 49 Abs. 1 AEUV die freie **Niederlassung** in der Union. Hierunter fällt jede feste Einrichtung, die der tatsächlichen Ausübung einer selbstständigen Erwerbstätigkeit auf unbestimmte Zeit zu dienen bestimmt ist. Die Verwirklichung dieser Freiheit kann erfolgen durch Gründung einer Hauptniederlassung (sog. primäre Niederlassungsfreiheit, vgl. Art. 49 Abs. 2 AEUV) oder Eröffnung einer Nebenniederlassung, die rechtlich selbstständig in Form von Tochtergesellschaften oder auch abhängig als Agentur oder Zweigniederlassung betrieben werden kann (sog. sekundäre Niederlassungsfreiheit, vgl. Art. 49 Abs. 1 S. 2 AEUV). Die P plant, die Apotheke in Deutschland als eine Zweigniederlassung des Hauptunternehmens zu betreiben. Damit ist die Eröffnung einer Nebenniederlassung innerhalb des Gebietes der Europäischen Union beabsichtigt, was vom sachlichen Schutzbereich der Niederlassungsfreiheit umfasst wird.

2. Persönlicher Schutzbereich

In persönlicher Hinsicht erstreckt sich die Niederlassungsfreiheit nach Art. 49 Abs. 1 S. 1 AEUV in erster Linie auf **natürliche Personen**, sodass sich die P als niederländische Kapitalgesellschaft nicht auf die Niederlassungsfreiheit berufen könnte.

Der Anwendungsbereich der Niederlassungsfreiheit wird jedoch gemäß Art. 54 Abs. 1 AEUV auf **juristische Personen und Gesellschaften** erweitert. Sofern die Gesellschaften – dazu gehören nach Art. 54 Abs. 2 AEUV die Gesellschaften des bürgerlichen Rechts und des Handelsrechts einschließlich der Genossenschaften und sonstigen juristischen Personen des öffentlichen und privaten Rechts, die erwerbsgerichtet tätig sind – ihren satzungsmäßigen Sitz, ihre Hauptverwaltung oder ihre Hauptniederlassung innerhalb der Union haben, sind sie den natürlichen Personen gleichgestellt. Bei P handelt es sich um eine Aktiengesellschaft, deren Hauptsitz in den Niederlanden und damit innerhalb der Europäischen Union liegt. Demnach kann sich P auf die Niederlassungsfreiheit berufen, der Schutzbereich ist in persönlicher Hinsicht eröffnet.

3. Bereichsausnahme, Art. 51 AEUV

Die Bereichsausnahme des Art. 51 AEUV, nach der Tätigkeiten, die in einem Mitgliedstaat dauernd oder zeitweise mit der **Ausübung öffentlicher Gewalt** verbunden sind, von der Niederlassungsfreiheit ausgenommen werden, greift vorliegend nicht ein. Auch wenn die Apotheken die Aufgabe haben, die Bevölkerung mit Arzneimitteln zu versorgen und damit eine Aufgabe im öffentlichen Interesse auf dem Gesundheitssektor wahrnehmen, liegt hierin keine unmittelbare und spezifische Teilnahme an der Ausübung hoheitlicher Befugnisse.

Der Schutzbereich der Niederlassungsfreiheit ist folglich eröffnet.

II. Beschränkung

Das Fremdbesitzverbot im ApoG müsste sich als Beschränkung der Niederlassungsfreiheit darstellen.

1. Diskriminierung

Eine Beschränkung im Sinne einer Diskriminierung liegt nicht vor, da das Fremdbesitzverbot unterschiedslos für in- wie für ausländische Gesellschaften gilt.

2. Sonstige Beschränkung

Eine Beschränkung liegt jedoch nicht nur bei einer Diskriminierung, sondern auch bei **unterschiedslos wirkenden Beschränkungen** der Niederlassungsfreiheit vor. Art. 49 AEUV steht insofern jeder nationalen Maßnahme entgegen, die zwar ohne Diskriminierung aus Gründen der Staatsangehörigkeit anwendbar, aber geeignet ist, die Ausübung der durch den AEUV garantierten Niederlassungsfreiheit durch die Gemeinschaftsangehörigen zu behindern oder weniger attraktiv zu machen. Hierunter könnte das Fremdbesitzverbot aus dem ApoG fallen. Die §§ 1, 2 ApoG enthalten Regelungen, die die Niederlassung von Wirtschaftsteilnehmern anderer Mitgliedstaaten im Bereich des Arzneimittelvertriebs und des Apothekenwesens in Deutschland von der vorherigen **Erteilung einer Erlaubnis** abhängig machen (§ 1 Abs. 2 ApoG). Die Erlaubnis kann nach § 2 Abs. 1 Nr. 3 ApoG bzw. § 8 S. 1 Hs. 2 ApoG nur erteilt werden, wenn jeder Antragsteller bzw. jeder Gesellschafter einer antragstellenden Gesellschaft die deutsche Approbation als Apotheker besitzt. Diese Regelungen halten Wirtschaftsteilnehmer anderer Mitgliedstaaten davon ab, in Deutschland ihrer Tätigkeit als Apotheker mittels einer Betriebsstätte in Form einer Apotheke nachzugehen und hindern sie sogar daran. Dementsprechend stellt die Regel des Ausschlusses von Nichtapothekern eine Beschränkung dar, weil sie den Betrieb von Apotheken Apothekern vorbehält und die übrigen Wirtschaftsteilnehmer von der Aufnahme dieser selbstständigen Tätigkeit in Deutschland ausschließt.[41]

III. Rechtfertigung

Die Beschränkung der Niederlassungsfreiheit könnte gerechtfertigt sein.

1. Geschriebener Rechtfertigungsgrund, Art. 52 AEUV

Art. 52 Abs. 1 AEUV ermöglicht Beschränkungen der Niederlassungsfreiheit aus Gründen der öffentlichen Sicherheit, Ordnung und Gesundheit, sofern es sich bei den Beschränkungen um **Sonderregeln für Ausländer** handelt.

In der diesem Fall zugrunde liegenden Originalentscheidung geht der Gerichtshof nicht auf die streitige Frage der entsprechenden Anwendung bzw. erweiterten Auslegung des Art. 52 Abs. 1 AEUV ein, sondern prüft die Rechtfertigung ausschließlich anhand der zwingenden Gründe des Gemeinwohls.[42] Diesem Lösungsweg folgt die Darstellung hier. Du kannst die Rechtfertigung aber ebenso gut – und ohne große Abweichungen – auf Art. 52 Abs. 1 AEUV stützen!

a) Keine Sonderregel für Ausländer

Die Regelungen des ApoG und das daraus resultierende Fremdbesitzverbot gelten jedoch uneingeschränkt für in- wie ausländische Personen, sodass der Rechtfertigungsgrund des Art. 52 Abs. 1 AEUV grundsätzlich nicht eingreift.

b) Erweiterung des Anwendungsbereichs

Allerdings könnte der Anwendungsbereich des Art. 52 Abs. 1 AEUV zu erweitern sein. Wenn die dort genannten Gründe bereits geeignet sind, eine Diskriminierung ausländischer Bürger zu rechtfertigen, die in ihren Auswirkungen schwerer wiegt als eine sonstige diskriminierungsfreie Beschrän-

41 EuGH RÜ 2009, 445, 446 *Doc Morris II.*

42 EuGH RÜ 2009, 445, 446 *Doc Morris II.*

kung, könnte sie **erst recht** zu einer Rechtfertigung der Beschränkung herangezogen werden.[43] Gegen diese Erweiterung spricht jedoch der **Wortlaut** der Norm, wonach es sich bei Art. 52 Abs. 1 AEUV um einen speziellen und ausschließlich für die Beschränkungen in Form der Diskriminierung anwendbaren Rechtfertigungsgrund handelt. Die erweiterte Auslegung würde dieser Ausrichtung und damit auch dem Willen des Normgebers zuwiderlaufen. Die Vorschriften des ApoG können demnach nicht unter Rückgriff auf Art. 52 Abs. 1 AEUV gerechtfertigt werden.

2. Ungeschriebener Rechtfertigungsgrund

Beschränkungen der Niederlassungsfreiheit, die – wie das Fremdbesitzverbot des ApoG – ohne Diskriminierung aus Gründen der Staatsangehörigkeit anwendbar sind, können durch **zwingende Gründe des Allgemeinwohlinteresses** gerechtfertigt sein,[44] sofern sie geeignet sind, die Erreichung des mit ihnen verfolgten Ziels zu gewährleisten, und nicht über das hinausgehen, was zur Erreichung dieses Ziels erforderlich ist.

a) Zwingender Grund des Allgemeinwohls

Als zwingender Grund des Allgemeinwohlinteresses könnte vorliegend der **Schutz der Gesundheit der Bevölkerung** in Betracht kommen. Hierauf kann eine nationale Maßnahme allerdings nur gestützt werden, wenn die Mitgliedstaaten einer anderenfalls bestehenden **Gefahr** für die Gesundheit der Bevölkerung **entgegenwirken** wollen. Da die Rechtsgüter Gesundheit und Leben einen hohen Rang einnehmen und es Sache der Mitgliedstaaten ist, zu bestimmen, auf welchem Niveau sie den Schutz der Gesundheit der Bevölkerung gewährleisten wollen und wie dieses Niveau zu erreichen ist, wird den Mitgliedstaaten ein **Wertungsspielraum** zuerkannt. Denn ist eine Ungewissheit hinsichtlich des Vorliegens oder der Bedeutung der Gefahren für die menschliche Gesundheit gegeben, müssen die Mitgliedstaaten gleichwohl Schutzmaßnahmen treffen können, ohne warten zu müssen, bis der Beweis für das tatsächliche Bestehen dieser Gefahren vollständig erbracht ist.[45]

An dieser Stelle kommt es nicht darauf an, dass Du alle Gefahrenquellen benennst, sondern Dich mit möglichen Ursachen des Fremdbesitzverbotes argumentativ auseinandersetzt.

aa) Im Hinblick auf die in den Apotheken vertriebenen Arzneimittel ist zu berücksichtigen, dass es sich dabei um Waren mit ganz besonderem Charakter handelt, deren therapeutische Wirkungen sich substanziell von anderen Waren unterscheiden und von denen bei **unsachgemäßem Gebrauch besondere Gefahren** ausgehen können. Insbesondere kann eine fehlerhafte Anwendung von Arzneimitteln, z.B. mangels ausreichender Information des Patienten bzw. Kunden, zu schweren gesundheitlichen Schäden führen.

bb) Eine übermäßige Einnahme oder falsche Verwendung von Arzneimitteln führt weiterhin zu einer Verschwendung finanzieller Mittel, die umso schädlicher ist, als der Pharmabereich **erhebliche Kosten** verursacht und wachsenden Bedürfnissen entsprechen muss, während die finanziellen Mittel, die für die Gesundheitspflege bereitgestellt werden können, unabhängig von der Art und Weise der Finanzierung nicht unbegrenzt sind.

43 Streinz Rn. 972.

44 EuGHE 1995, I-4165 *Gebhard.*

45 EuGH RÜ 2009, 445, 446 *Doc Morris II.*

cc) Nichtapotheker verfügen ferner über **keine entsprechende Ausbildung**, Erfahrung und Verantwortung und bieten demnach nicht dieselben Garantien zur Gefahrenabwehr wie die selbstständigen Apotheker mit einer entsprechenden Ausbildung. Zudem besteht bei Herstellern und Großhändlern pharmazeutischer Produkte die Gefahr, dass sie die Unabhängigkeit der angestellten Apotheker dadurch beeinträchtigen könnten, dass sie diese zu einer Förderung derjenigen Arzneimittel anhalten, die sie selbst herstellen oder vertreiben. Zwar verfolgen auch Apotheker das Ziel, Gewinne zu erwirtschaften. Als Berufsapotheker ist bei ihnen aber davon auszugehen, dass sie die Apotheke **nicht nur aus rein wirtschaftlichen Zwecken** betreiben, sondern auch unter einem beruflich-fachlichen Blickwinkel. Ihr privates Interesse an der Gewinnerzielung wird somit durch ihre Ausbildung, ihre berufliche Erfahrung und die ihnen obliegende Verantwortung gezügelt, da ein etwaiger Verstoß gegen Rechtsvorschriften oder berufsrechtliche Regeln nicht nur den Wert ihrer Investition, sondern auch ihre eigene berufliche Existenz erschüttert. Folglich kann ein Mitgliedstaat im Rahmen seines Wertungsspielraums der Ansicht sein, dass der Betrieb einer Apotheke durch einen Nichtapotheker im Unterschied zu einer von einem Apotheker betriebenen Apotheke eine Gefahr für die Gesundheit der Bevölkerung, insbesondere für die Sicherheit und Qualität des Einzelhandelsvertriebs der Arzneimittel darstellen kann, weil das Gewinnstreben im Rahmen eines derartigen Betriebs nicht mit mäßigenden Faktoren einhergeht, die die Tätigkeit der Apotheker kennzeichnen.

Demzufolge ist mit dem Schutz der Gesundheit der Bevölkerung ein zwingender Grund des Allgemeinwohlinteresses gegeben.

b) Verhältnismäßigkeit

Der Eingriff müsste darüber hinaus verhältnismäßig sein.

aa) Geeignetheit

Dazu müsste das Fremdbesitzverbot geeignet sein. Die Geeignetheit einer nationalen Regelung ist zu bejahen, wenn es sich bei der Regelung um ein brauchbares Mittel zur Erreichung des angestrebten Ziels handelt. Durch die Beschränkung der Leitung von Apotheken auf ausgebildete Apothekerinnen und Apotheker – das sog. Fremdbesitzverbot – kann den oben dargestellten Gefahren entgegengewirkt werden. Die Apothekerinnen und Apotheker sind in der Lage, die Kunden in adäquater Weise über die Wirkungen, Nebenwirkungen und Wechselwirkungen der Medikamente aufzuklären und damit Fehleinnahmen zu verhindern. Sie verhindern darüber hinaus die Abgabe von Arzneimitteln an Personen, die einer Einnahme von Mitteln nicht bedürfen und tragen damit einen Anteil an der Kostenersparnis im Gesundheitssystem. Darüber hinaus sorgen sie aus den o.g. Gründen dafür, dass nicht nur wirtschaftliche Aspekte beim Arzneimittelvertrieb im Vordergrund stehen. Demzufolge ist das Fremdbesitzverbot geeignet, den Gefahren entgegenzuwirken.

bb) Erforderlichkeit

Das Fremdbesitzverbot müsste ferner erforderlich sein. Dies ist nicht der Fall, wenn die Gesundheit der Bevölkerung genauso wirksam durch Maßnahmen geschützt werden könnte, welche die Niederlassungsfreiheit weniger beschränken.

(1) Pflicht zur Anwesenheit eines Apothekers

Als milderer Eingriff könnte sich eine Regelung darstellen, die den durch Nichtapotheker geführten Apotheken eine **Verpflichtung** auferlegt, dass während des Betriebes ein – wenn auch nur angestellter – **approbierter Apotheker anwesend** sein muss. Auf den ersten Blick könnte sich dadurch zwar eine adäquate Beratung und Versorgung der Kunden bewerkstelligen lassen. Allerdings ist zu berücksichtigen, dass die Unterstellung von Apothekern als Angestellte unter einen Betreiber es für sie schwierig machen könnte, sich den von diesem Betreiber erteilten Anweisungen zu widersetzen. Denn allein aus arbeitsrechtlicher Sicht wären die Betreiber zu Anweisungen befugt, die auch befolgt werden müssten. Darüber hinaus würde sich durch eine solche Regelung der Interessenwiderstreit zwischen den rein betrieblichen Interessen der Geschäftsleitung und den am Wohl der Kunden orientierten Interessen der (angestellten) Apotheker nicht beseitigen lassen, sodass hierdurch ein neues Gefährdungspotenzial entstehen würde. Eine solche Regelung könnte die Kunden folglich nicht genauso wirksam schützen.

(2) Abschluss einer Versicherung

Zudem lassen sich die Gefahren für die Unabhängigkeit des Apothekerberufs nicht ebenso wirksam dadurch ausräumen, dass den Betreibern eine **Pflicht zum Abschluss einer Versicherung** wie der zivilen Haftpflichtversicherung auferlegt wird. Eine solche Maßnahme würde zwar den Kunden erlauben, für einen etwa erlittenen Schaden einen finanziellen Ausgleich zu erhalten, doch würde sie im Nachhinein greifen und wäre weniger wirksam als das Fremdbesitzverbot, da sie in keiner Weise den betreffenden Betreiber davon abhalten würde, auf die angestellten Apotheker Einfluss auszuüben.

(3) Kontrollen

Auch ein **System wirksamer Kontrollen** lässt sich nicht ohne Weiteres vorsehen. Denn für den Zeitraum zwischen den Kontrollen wäre ein Einfluss auf die angestellten Apotheker möglich und die Gefahren nicht beseitigt. Jedenfalls ließen sich hierdurch die Gefahren nicht in gleich wirksamer Art und Weise eindämmen.

Damit lässt sich nicht feststellen, dass sich das verfolgte Ziel durch eine andere, die Niederlassungsfreiheit weniger beschränkende Maßnahme ebenso wirksam erreichen lässt. Folglich erweist sich das im ApoG enthaltene Fremdbesitzverbot für Apotheken als erforderlich, um eine sichere und qualitativ hochwertige Arzneimittelversorgung der Bevölkerung sicherzustellen. Die aus den Regelungen des ApoG folgende Beschränkung ist daher gerechtfertigt.

Ergebnis: Die Bedenken des S sind nicht berechtigt.

4. Teil: EU-Grundrechte

1. Abschnitt: Anwendbarkeit

Fall 13: Anwendungsbereich der EU-Grundrechtecharta

Das Antiterrordateigesetz (ATDG) schafft für den Bereich der Bekämpfung des internationalen Terrorismus die Rechtsgrundlage für eine Verbunddatei von Polizeibehörden und Nachrichtendiensten von Bund und Ländern. Das ATDG konstruiert die Antiterrordatei als ein System, mit dem Behörden in Erfahrung bringen können, welche weitere Behörde Daten über die verdächtige Person bereithält. Daneben enthält die Antiterrordatei aber auch sog. Klardaten: Hierbei handelt es sich um personenbezogene Daten der verdächtigen Personen, wobei zwischen Grunddaten (z.B. Name, Anschrift, Geschlecht, körperliche Merkmale) und erweiterten Grunddaten (z.B. Bankverbindungen, Telekommunikationsanschlüsse, Religionszugehörigkeit, Waffenbesitz und Gewaltbereitschaft) unterschieden wird. Zu den Grunddaten erhalten die beteiligten Behörden stets unmittelbaren Zugriff, zu den erweiterten Grunddaten nur im Eilfall oder sonst nach Freischaltung durch die einstellende Behörde.

Zu den von der Speicherung betroffenen Personen gehören insbesondere Mitglieder oder Unterstützer einer inländischen terroristischen Vereinigung mit internationalem Bezug oder einer ausländischen terroristischen Vereinigung mit Bezug zur Bundesrepublik Deutschland, aber auch deren sonstige Kontaktpersonen. R, der kurzfristig mit Unterstützern einer terroristischen Vereinigung in Kontakt geraten war, ist der Auffassung, dass das ATDG gegen die GRCh verstößt. Auch wenn das ATDG – was zutrifft – nicht auf einer europäischen Richtlinie beruhe, verfüge es über Berührungspunkte mit dem Unionsrecht, da Art. 16 Abs. 1 AEUV ein Datenschutzrecht enthalte. Dieses Datenschutzrecht sei über die GRCh abgesichert.

Verstößt das ATDG gegen die GRCh?

Das ATDG verstößt gegen die GRCh, wenn diese anwendbar ist, das ATDG in den Schutzbereich der Grundrechte eingreift und dieser Eingriff nicht gerechtfertigt ist.

Fraglich ist bereits, ob die GRCh überhaupt **anwendbar** ist.

I. Bindung der Organe der EU

Nach **Art. 51 Abs. 1 S. 1 Hs. 1 GRCh** gilt die GRCh in erster Linie für die Organe, Einrichtungen und sonstigen Stellen der Europäischen Union. Hieraus folgt dementsprechend keine Grundrechtsbindung der Bundesrepublik Deutschland.

II. Bindung der Mitgliedstaaten

Allerdings gilt die GRCh nach **Art. 51 Abs. 1 S. 1 Hs. 2 GRCh** bei der **Durchführung von Unionsrecht** auch für die **Mitgliedstaaten** der Europäischen Union.

1. Umfang

Zum **Unionsrecht** in diesem Sinne gehören neben dem Primärrecht alle in Art. 288 AEUV vorgesehenen Handlungsformen, also Richtlinien, Verordnungen, Beschlüsse, Empfehlungen und Stellungnahmen, aber auch untypische Handlungsformen wie etwa Fördermaßnahmen und Verträge. Die **Durchführung** des Unionsrechts betrifft in erster Linie die Umsetzung und den Vollzug des Unionsrechts. Erfasst sind damit zum einen legislative Maßnahmen wie z.B. die Umsetzung einer EU-Richtlinie in nationales Recht sowie der administrative Vollzug von EU-Verordnungen und unmittelbar geltenden Richtlinien.[46]

Das ATDG beruht jedoch auf dem **autonomen Entschluss des deutschen Gesetzgebers**, eine Antiterrordatei zum Zwecke der Zentralisierung von Informationen im Bereich des nationalen oder internationalen Terrorismus vorrätig zu halten. Damit liegt grundsätzlich keine Durchführung von Unionsrecht vor.

2. Auslegung

Fraglich ist allerdings, ob die Vorschrift des Art. 51 Abs. 1 S. 1 Hs. 2 GRCh **weiter ausgelegt** werden kann oder muss, um auch andere nationale Maßnahmen, die nicht unmittelbar durch das Unionsrecht beeinflusst werden, aber mittelbar die Interessen und Vorschriften der Union betreffen, an der GRCh messen zu können.

a) Der **Gerichtshof** vertritt eine **weite Auslegung** des Art. 51 Abs. 1 S. 1 Hs. 2 GRCh. Während die Vorschrift bislang im Sinne der klassischen Vollzugs- und Umsetzungskonstellation verstanden wurde, bejaht der Gerichtshof die Bindung der Mitgliedstaaten an die EU-Grundrechte über den Wortlaut der GRCh hinaus für sonstige Fälle, in denen die Maßnahmen der Mitgliedstaaten in den **Geltungsbereich des Unionsrechts** fallen. Es dürfe keine Fallgestaltungen geben, die vom Unionsrecht erfasst würden, ohne dass die GRCh anwendbar wäre.[47] Nach dieser Rspr. ist der Geltungsbereich des Unionsrechts betroffen, wenn zwischen dem mitgliedstaatlichen Recht bzw. der mitgliedstaatlichen Maßnahme und dem Unionsrecht ein **hinreichender Zusammenhang von einem gewissen Grad** besteht, der darüber hinausgeht, dass die fraglichen Sachbereiche benachbart sind oder der eine von ihnen mittelbare Auswirkungen auf den anderen haben kann. Vielmehr müsse sich aus unionsrechtlichen Vorschriften in dem betreffenden Sachbereich eine **bestimmte Verpflichtung der Mitgliedstaaten** im Hinblick auf den fraglichen Sachverhalt ergeben.[48]

Für einen solchen Zusammenhang spricht die Regelung in **Art. 16 Abs. 1 AEUV**: Danach hat jede Person in der Europäischen Union das **Recht auf Schutz der sie betreffenden personenbezogenen Daten**. Aufgrund des Anwendungsvorrangs des Unionsrechts müsste der deutsche Gesetzgeber dieses Recht beim Erlass nationaler Rechtsvorschriften berücksichtigen. Hiernach wäre die GRCh einschlägig.

---

46 Kingreen in: Calliess/Ruffert Art. 51 GRCh Rn. 8.

47 Vgl. EuGH RÜ 2013, 515, 316 *Åkerberg Fransson*.

48 EuGH NVwZ 2014, 575 Rn. 24 f. *Siragusa*; vgl. auch Honer JuS 2017, 409.

b) Das **BVerfG** hingegen vertritt eine **enge Auslegung** des Art. 51 GRCh. Zwar stehe das ATDG aufgrund der darin erstrebten Effektivierung der Zusammenarbeit der Sicherheitsbehörden in unionsrechtlichen Bezügen und wirke sich, wenn im Wege des durch das ATDG angestoßenen Informationsaustauschs weitergehende Ergebnisse gewonnen werden, mittelbar auch auf den Umfang der unionsrechtlichen Berichtspflichten aus. Dieser mittelbare unionsrechtliche Bezug genüge aber nicht, um die Anwendbarkeit der GRCh zu bejahen.

Die Grundrechte seien von den Mitgliedstaaten vielmehr nur in den Bereichen zu berücksichtigen, die **durch das Unionsrecht determiniert** sind. Dies sei nur dann der Fall, wenn die Einrichtung und Ausgestaltung der jeweiligen nationalen Rechtsvorschriften beispielsweise durch Verordnungen oder Richtlinien vorgegeben und geregelt seien. Dies treffe auf die Antiterrordatei jedoch nicht zu. Es existiere keine unionsrechtliche Bestimmung, welche die Bundesrepublik Deutschland zur Einrichtung einer solchen Datei verpflichte, sie daran hindere oder ihr diesbezüglich inhaltliche Vorgaben mache. Das ATDG verfolge vielmehr **innerstaatlich bestimmte Ziele**, die das Funktionieren unionsrechtlich geordneter Rechtsbeziehungen nur mittelbar beeinflussen können, was für eine Prüfung am Maßstab unionsrechtlicher Grundrechtsverbürgungen nicht ausreiche.

Darüber hinaus wendet sich das BVerfG ausdrücklich gegen das weite Verständnis des Gerichtshofs: Im Sinne eines kooperativen Miteinanders zwischen dem BVerfG und dem Gerichtshof dürfe dessen Entscheidung keine Lesart unterlegt werden, nach der diese offensichtlich als **ultra-vires-Akt** zu beurteilen wäre oder Schutz und Durchsetzung der mitgliedstaatlichen Grundrechte in einer Weise gefährdete, dass dies die Identität der durch das Grundgesetz errichteten Verfassungsordnung infrage stelle. Insofern dürfe die Rspr. des Gerichtshofs nicht in einer Art und Weise verstanden und herangezogen werden, nach der für eine Bindung der Mitgliedstaaten durch die in der GRCh niedergelegten Grundrechte der Europäischen Union jeder sachliche Bezug einer Regelung zum bloß abstrakten Anwendungsbereich des Unionsrechts oder rein tatsächliche Auswirkungen auf dieses ausreiche.[49]

Als ultra-vires-Akt wird eine Maßnahme oder Entscheidung eines EU-Organs bezeichnet, die unter offensichtlicher Überschreitung der Verbands- oder Organkompetenzen getroffen worden ist. Das BVerfG erkennt hierin eine Möglichkeit der Durchbrechung des Anwendungsvorrangs des Unionsrechts und sieht sich in einem solchen Fall berechtigt, die Unanwendbarkeit des jeweiligen Akts bzw. der Entscheidung für die deutsche Rechtsordnung festzustellen.

Nach Auffassung des BVerfG ist die GRCh nicht anwendbar. Selbstverständlich können Sie sich – bei entsprechender Argumentation – auch der Auffassung des Gerichtshofs anschließen!

c) Der **Auffassung des BVerfG** ist zu **folgen**. Trotz des Anwendungsvorrangs des Unionsrechts und der unionsrechtlichen Durchdringung vieler Teile der nationalen Rechtsordnungen existieren immer noch Spielräume und Bereiche für die nationalen Rechtsetzungsorgane, die nicht unmittelbar vom Unionsrecht beeinflusst sind. Dies kommt auch im Zusammenspiel der Verpflichtung der Union auf den Subsidiaritätsgrundsatz aus Art. 23 Abs. 1 S. 1 GG sowie den Grundsatz begrenzter Einzelermächtigung aus Art. 5 Abs. 2 EUV zum Ausdruck. Mit dem weiten Verständnis liefe man Gefahr, die nationalen Grundrechtsordnungen zu unterlaufen. Damit bliebe unberücksichtigt, dass Grundrechte in den Mitgliedstaaten häufig auf besondere historische Erfahrungen eines Volkes oder auf Ursachen beru-

49 BVerfG NVwZ 2021, 555, 559; RÜ 2020, 444, 447; NJW 2019, 3204; vgl. auch Honer JuS 2017, 409.

hen, die nur auf dem Territorium eines bestimmten Staates gegeben seien. Eine allzu weite Erstreckung der Grundrechte auch in den Bereich der nicht determinierten nationalen Gesetzgebung würde damit besondere nationale Gefährdungslagen und historische Erfahrungen übergehen und damit nationale Spezifika unberücksichtigt lassen.[50] Darüber hinaus besteht für den nicht durch Unionsrecht determinierten Bereich keinerlei Veranlassung, eine einheitliche Anwendung von Unionsrecht herbeizuführen und über die GRCh abzusichern. Rein nationale Maßnahmen sind deshalb ausschließlich an den nationalen Grundrechten zu messen.

Es ist – bei entsprechender Argumentation – ebenso gut vertretbar, wenn Sie sich der gegenteiligen Auffassung des Gerichtshofs anschließen. Dann müssen Sie weiterprüfen und den Eingriff in den Schutzbereich sowie seine Rechtfertigung beleuchten.

Hierfür spricht auch das bisherige Umsetzungsverständnis hinsichtlich der Richtlinien: Die Mitgliedstaaten führen nur dort Unionsrecht durch, wo tatsächliche Vorgaben bestehen, wie beispielsweise bei der Transformation einer Richtlinie in nationales Recht. Wo aber die Richtlinie keine expliziten Vorgaben macht, wird ein Spielraum für den nationalen Gesetzgeber geschaffen. Die Ausgestaltung dieses Spielraums unterliegt rein nationalen Interessen und ist nicht durch das Unionsrecht vorgegeben, sodass weder ein Bedürfnis nach einem unionsweit einheitlichen Lückenschluss noch an einer einheitlichen Anwendung des Rechts besteht. Auch in diesem Bereich agiert der nationale Gesetzgeber außerhalb der Grundrechtsbindung. Dasselbe muss für den vollständig aus eigenem Antrieb tätig werdenden Gesetzgeber gelten.

Folglich ist die GRCh im vorliegenden Fall nicht anwendbar.

Ergebnis: Das ATDG verletzt die Grundrechte der GRCh mangels Anwendbarkeit nicht.

50 Kirchoff NVwZ 2014, 1537 ff., zusammengefasst bei Hansen RÜ 2015, 128 ff.

2. Abschnitt: Freiheitsrechte

Fall 14: Rituelle Schlachtungen

Bis 2014 gestatteten belgische Vorschriften, dass Tiere für das islamische Opferfest nicht nur in zugelassenen Schlachthöfen, sondern auch in temporären Schlachtstätten geschlachtet werden konnten. Bei dem islamischen Opferfest handelt es sich um eine Feier, die von praktizierenden Muslimen jedes Jahr drei Tage lang abgehalten wird, um einem religiösen Gebot nachzukommen. Zu diesen religiösen Geboten gehört es, ein Tier zu schlachten oder schlachten zu lassen, dessen Fleisch anschließend teils in der Familie verzehrt und teils mit Bedürftigen, Nachbarn und entfernteren Verwandten geteilt wird. Unter den Muslimen in Belgien besteht ein mehrheitlicher Konsens, dass die rituelle Schlachtung ohne Betäubung und unter Beachtung der übrigen Vorschriften des Ritus vorgenommen werden müsse. Durch die Zulassung temporärer Schlachtstätten war es gelungen, die infolge der während der Zeit des Opferfestes höheren Nachfrage fehlende Kapazität der zugelassenen Schlachthöfe auszugleichen.

Am 05.06.2015 untersagte der zuständige Minister die Zulassung temporärer Schlachtstätten und verfügte, dass alle rituellen Schlachtungen in zugelassenen Schlachthöfen durchgeführt werden müssen. Grund hierfür sei Art. 4 Abs. 4 der Europäischen Verordnung Nr. 1099/2009 über den Schutz von Tieren zum Zeitpunkt der Tötung (im Nachfolgenden: VO Nr. 1099/2009), wonach Tiere, die speziellen Schlachtmethoden unterlägen, die durch bestimmte religiöse Riten vorgeschrieben seien, ohne Betäubung nur in zugelassenen Schlachthöfen geschlachtet werden dürften. Eine solche Zulassung erhalten aufgrund weiterer unionsrechtlicher Vorschriften nur solche Schlachthöfe, die besondere Anforderungen im Hinblick auf Bau, Auslegung und Ausrüstung erfüllen. Dies sei bei temporären Schlachtstätten – was zutrifft – nicht der Fall.

Im Rahmen einer gegen die Maßnahme erhobenen Klage gelangte das zuständige belgische Gericht zu der Überzeugung, dass Art. 4 Abs. 4 VO Nr. 1099/2009 aufgrund einer Verletzung der Religionsfreiheit aus Art. 10 Abs. 1 GRCh unwirksam sei. In der Region seien nicht genügend Schlachthöfe vorhanden, welche die besonderen Anforderungen erfüllen. Dies hindere daher viele praktizierende Muslime daran, ihrer religiösen Pflicht nachzukommen. Zudem sei die Einschränkung weder sachdienlich noch verhältnismäßig. Zum einen hätten die zuvor genehmigten temporären Schlachtstätten in hinreichendem Maße gewährleistet, dass Tieren Leid erspart und die öffentliche Gesundheit gewahrt worden sei. Zum anderen erfordere die Umwandlung von temporären Schlachtstätten in zugelassene Schlachthöfe sehr hohe Finanzinvestitionen, die in Anbetracht des Umstands, dass die dort durchgeführten rituellen Schlachtungen temporären Charakter hätten, unverhältnismäßig seien. Ist Art. 4 Abs. 4 VO Nr. 1099/2009 wirksam?

Bearbeitungsvermerk: Gehen Sie davon aus, dass die VO Nr. 1099/2009 in einem ordnungsgemäßen Verfahren zustande gekommen ist.

Art. 4 VO Nr. 1099/2009:

(1) Tiere werden nur nach einer Betäubung im Einklang mit den Verfahren und den speziellen Anforderungen in Bezug auf die Anwendung dieser Verfahren gemäß Anhang I getötet. Die Wahrnehmungs- und Empfindungslosigkeit muss bis zum Tod des Tieres anhalten.

...

(4) Für Tiere, die speziellen Schlachtmethoden unterliegen, die durch religiöse Riten vorgeschrieben sind, gelten die Anforderungen gemäß Absatz 1 nicht, sofern die Schlachtung in einem Schlachthof erfolgt.

Das belgische Gericht hat die Frage der Wirksamkeit der Verordnung in dem zugrunde liegenden Originalfall dem Gerichtshof im Rahmen eines Vorabentscheidungsverfahrens vorgelegt (s. hierzu Fall 25).

Art. 4 Abs. 4 VO Nr. 1099/2009 ist wirksam, wenn er in formeller und in materieller Hinsicht mit dem höherrangigen Unionsrecht vereinbar ist.

I. Formell unionsrechtskonform

Die VO Nr. 1099/2009 ist in einem ordnungsgemäßen Gesetzgebungsverfahren zustande gekommen. Sie ist deshalb formell unionsrechtskonform.

II. Materiell unionsrechtskonform

Art. 4 Abs. 4 VO Nr. 1099/2009 ist allerdings **materiell unionsrechtswidrig**, wenn er gegen das höherrangige europäische Primärrecht verstößt. Hierzu gehört wegen Art. 6 Abs. 1 UAbs. 1 Hs. 2 EUV auch die EU-Grundrechtecharta (GRCh). Eine Verletzung europäischer Grundrechte liegt vor, wenn die GRCh anwendbar ist, die Maßnahme in den Schutzbereich eines europäischen Grundrechts eingreift und dieser Eingriff nicht gerechtfertigt ist. Hier kommt eine Verletzung der Religionsfreiheit aus Art. 10 Abs. 1 GRCh in Betracht.

Die Anwendbarkeit ergibt sich nicht aus Art. 51 Abs. 1 S. 1 Hs. 2 GRCh, da es nicht um die Maßnahme des belgischen Ministers geht!

1. Anwendbarkeit der GRCh

Die GRCh müsste anwendbar sein. Nach Art. 51 Abs. 1 S. 1 Hs. 1 GRCh binden die europäischen Grundrechte die Organe der Europäischen Union. Diese müssen die Grundrechte damit insbesondere beim Erlass von Sekundärrecht, wie hier der VO Nr. 1099/2009, beachten. Folglich ist die GRCh im vorliegenden Fall anwendbar.

2. Schutzbereich

Weiterhin müsste der Schutzbereich der Religionsfreiheit eröffnet sein. Das durch Art. 10 Abs. 1 GRCh geschützte Recht auf Gedanken-, Gewissens- und **Religionsfreiheit** umfasst u.a. die Freiheit, seine Religion oder Weltanschauung einzeln oder gemeinsam mit anderen öffentlich oder privat durch Gottesdienst, Unterricht oder Praktizieren von Bräuchen und Riten zu bekennen. Zudem legt die Charta dem in ihr genannten Begriff „Religion" eine weite Bedeutung bei, die sowohl das **forum internum**, d.h. den Umstand, Überzeugungen zu haben, als auch das **forum externum**, d.h. die Bekundung des religiösen Glaubens in der Öffentlichkeit, umfassen kann. Die zur Vorbereitung des rituellen Opferfestes der Muslime in Belgien gehörende Schlachtung eines Tieres ohne vorherige Betäubung gehört zur Bekundung des religiösen Glaubens und damit dem forum externum.

Auch bei der Prüfung der Religionsfreiheit aus Art. 4 GG kommt es nicht darauf an, dass die herrschende theologische Meinung vertreten wird. Eine Plausibilitätskontrolle, wie sie deutsche Gerichte vornehmen,[51] stellt der Gerichtshof gleichwohl nicht an.

Unbeachtlich ist, dass eine Diskussion zwischen **verschiedenen religiösen Strömungen** innerhalb der Gemeinschaft der Muslime über die Frage geführt wird, ob es sich bei der Pflicht, während des Opferfestes Tiere ohne vorherige Betäubung zu schlachten, um eine absolute Pflicht handelt oder nicht und ob es möglicherweise dementsprechende Alternativlösungen für den Fall gibt, dass es unmöglich ist, diese Pflicht zu erfüllen. Die Existenz etwaiger theologischer Divergenzen in der Frage vermag nämlich als solche nicht die Einstufung der Praxis ritueller Schlachtungen, wie sie vom vorlegenden Gericht in seinem Vorabentscheidungsersuchen beschrieben wird, als „religiöser Ritus" infrage zu stellen.[52]

Folglich ist der Schutzbereich des Art. 10 Abs. 1 GRCh betroffen.

51 Vgl. VGH BW RÜ 2017, 723, 725; VG Frankfurt a.M./HessVGH RÜ 2017, 592, 594.

52 EuGH RÜ 2018, 519, 521 Rn. 50 f. *Liga van Moskeeën en Islamitische Organisaties Provincie Antwerpen u.a./Vlaams Gewest.*

3. Eingriff

Die Verpflichtung, rituelle Schlachtungen in einem zugelassenen Schlachthof durchführen zu lassen, wie sie in Art. 4 Abs. 4 VO Nr. 1099/2009 festgeschrieben ist, könnte einen Eingriff in die Religionsfreiheit darstellen. Ein Eingriff liegt vor, wenn ein Rechtsakt oder eine sonstige Maßnahme, die den Organen der Union oder den Mitgliedstaaten zugerechnet werden kann, eine belastende oder nachteilige Wirkung auf den grundrechtlich gewährleisteten Schutz hat. Dies ist insbesondere bei solchen Rechtsakten der Fall, welche die Grundrechtsbeeinträchtigung bezwecken oder unmittelbar bewirken.

a) Gestattung statt Verbot

Gegen die erforderliche belastende oder nachteilige Wirkung könnte bereits sprechen, dass rituelle Schlachtungen ohne vorherige Betäubung nach Art. 4 Abs. 4 VO Nr. 1099/2009 **ausnahmsweise gestattet** sind, obwohl Art. 4 Abs. 4 VO Nr. 1099/2009 das betäubungslose Schlachten grundsätzlich verbietet. Art. 4 Abs. 4 VO Nr. 1099/2009 konkretisiert insofern das Bestreben des Unionsgesetzgebers, die Schlachtung von Tieren ohne vorherige Betäubung zu erlauben, um zu gewährleisten, dass die Religionsfreiheit, namentlich der praktizierenden Muslime, während des Opferfestes effektiv gewahrt wird. In diesem Kontext ist davon auszugehen, dass Art. 4 Abs. 4 VO Nr. 1099/2009 mit der Festlegung der Pflicht, rituelle Schlachtungen in einem zugelassenen Schlachthof durchzuführen, die freie Vornahme von Schlachtungen ohne vorherige Betäubung zu religiösen Zwecken **lediglich organisieren** und hierfür **Vorgaben technischer Natur** geben soll. Derartige technische Vorgaben vermögen als solche nicht zu einer Beschränkung des Rechts praktizierender Muslime auf Religionsfreiheit zu führen.

b) Gleichmäßige nicht diskriminierende Wirkung

Ferner trifft die Verpflichtung, rituelle Schlachtungen ausschließlich in zugelassenen Schlachthöfen durchzuführen oder durchführen zu lassen allgemein und unterschiedslos jeden, der Schlachtungen durchführt, ohne irgendeinen Zusammenhang mit einer bestimmten Religion und betrifft somit **in nicht diskriminierender Weise** alle Erzeuger von Tierfleisch in der Union. Auch dies spricht gegen einen Eingriff in die Religionsfreiheit.

c) Tierschutz und Gesundheitsschutz

Die Vorschriften zur Nutzung von zugelassenen Schlachthöfen bezwecken auch nicht, die Religionsfreiheit der Gläubigen einzuschränken. Vielmehr dienen die Vorschriften dem **Schutz der Tiere** zum Zeitpunkt der Tötung und dem **Schutz der Gesundheit aller Tierfleischkonsumenten**. Zum einen ist nämlich der Schutz von Tieren das hauptsächliche Ziel, das mit der Verordnung Nr. 1099/2009 und speziell mit deren Art. 4 Abs. 4 verfolgt wird, wie sich bereits aus dem Titel der Verordnung ergibt. In diesem Kontext ist der Unionsgesetzgeber davon ausgegangen, dass, um Tieren, die ohne vorherige Betäubung getötet werden, übermäßige und unnötige Leiden zu ersparen, alle rituellen Schlachtungen in einem zugelassenen Schlachthof durchgeführt werden müssen, der die technischen Anforderungen erfüllt. Es ist nämlich nur dieser Art von Schlachthöfen u.a. möglich, die betroffenen Tiere einzeln und mit geeigneten Mitteln ruhig zu stellen und den wissenschaftlichen und technischen Fortschritt in diesem Bereich zu berücksichtigen, damit diese nicht so lange leiden müssen.

Zum anderen hat das Ziel, ein hohes Niveau für den Schutz der menschlichen Gesundheit sicherzustellen, den Unionsgeber dazu veranlasst, die Verantwortung für die Gewährleistung der Lebensmittelsicherheit den Lebensmittelunternehmen aufzuerlegen und die Pflicht vorgesehen, alle Tierschlachtungen in Schlachthöfen durchzuführen, die die technischen Anforderungen in Bezug auf Bau, Auslegung und Ausrüstung, wie sie in den einschlägigen unionsrechtlichen Vorschriften vorgegeben sind, erfüllen. Der Unionsgesetzgeber wollte nämlich ausdrücklich sicherstellen, dass Lebensmittel tierischen Ursprungs, unabhängig von der gewählten Art der Schlachtung, nach strengen Standards hergestellt und vertrieben werden, die es erlauben, die Beachtung der Lebensmittelhygiene und -sicherheit zu gewährleisten und so Beeinträchtigungen der menschlichen Gesundheit zu vermeiden.

d) Eingriff durch fehlende Nachfragedeckung

Allerdings könnte die Eingriffsqualität dennoch dadurch bejaht werden, dass vielen praktizierenden Muslimen im Gebiet der betroffenen Region in Belgien die Vornahme ritueller Schlachtungen erschwert wird, weil **nicht genügend zugelassene Schlachthöfe zur Verfügung stehen, um die Nachfrage zu decken**. Insoweit ist jedoch darauf hinzuweisen, dass die Gültigkeit eines Rechtsakts der Union nach st.Rspr. des Gerichtshofs anhand der Sach- und Rechtslage zum Zeitpunkt seines Erlasses zu beurteilen ist. Wenn der Unionsgesetzgeber **künftige Auswirkungen** einer zu erlassenden Regelung zu beurteilen hat, die sich nicht mit Bestimmtheit voraussagen lassen, kann seine **Beurteilung nur beanstandet** werden, wenn sie sich im Licht der Informationen, über die er zum Zeitpunkt des Erlasses der betreffenden Regelung verfügte, als **offensichtlich fehlerhaft** erweist. Die Frage, ob eine Unionsrechtsvorschrift gültig ist, ist daher anhand ihrer Tatbestandsmerkmale zu beurteilen und **kann nicht von den besonderen Umständen des jeweiligen Einzelfalls abhängen**.[53]

Deshalb sind nach dem Gerichtshof die möglichen Mehrkosten für die Schaffung neuer zugelassener Schlachthöfe ein unbeachtlicher „Ausfluss rein innerstaatlicher konjunktureller Umstände".

Der europäische Gesetzgeber musste nicht nur die Auswirkungen der neuen Vorschriften auf Belgien, sondern auf alle Mitgliedstaaten der Union abschätzen. Zu den besonderen Auswirkungen hat die Regelung allerdings nur in einem Teil Belgien geführt, sodass die Beurteilung sich jedenfalls nicht als offensichtlich fehlerhaft erweist.

Mangels Eingriffs stellt sich die Frage nach einer Rechtfertigung nach Art. 52 GRCh nicht mehr.

Folglich liegt **kein Eingriff** in den Schutzbereich des Art. 10 Abs. 1 GRCh vor, sodass die Religionsfreiheit nicht verletzt ist. Da anderweitige Verstöße gegen das europäische Primärrecht nicht ersichtlich sind, ist Art. 4 Abs. 4 VO Nr. 1099/2009 auch materiell unionsrechtskonform.

Ergebnis: Art. 4 Abs. 4 VO Nr. 1099/2009 ist mit höherrangigem Unionsrecht vereinbar und deshalb wirksam.

53 EuGH RÜ 2018, 519, 522 f. Rn. 71 f. *Liga van Moskeeën en Islamitische Organisaties Provincie Antwerpen u.a./Vlaams Gewest.*

Fall 15: Vorratsdatenspeicherung

Bei der Nutzung von Smartphones, Tablets und sonstigen elektronischen Geräten fallen eine Vielzahl personenbezogener Daten an. Hierzu gehören nicht nur die Inhalte der Kommunikation, sondern auch Verkehrsdaten (Daten über Sender, Empfänger, Kommunikationszeitpunkt und Kommunikationsweg) bzw. Standortdaten (geografischer Standort der Nutzenden). Um für ein hohes Schutzniveau für diese Daten zu sorgen, erließ die EU die Richtlinie 2002/58/EG über die Verarbeitung personenbezogener Daten und den Schutz der Privatsphäre in der elektronischen Kommunikation. Danach müssen die Mitgliedstaaten in ihren nationalen Rechtsvorschriften Vorkehrungen treffen, um die Vertraulichkeit der Kommunikation sicherzustellen. Das Mithören, Abhören, Speichern sowie andere Arten des Abfangens und Überwachens von Nachrichten sind danach ebenso untersagt wie die Speicherung und Verarbeitung von Verkehrs- oder Standortdaten.

Art. 15 Abs. 1 der Richtlinie sieht allerdings vor, dass die Mitgliedstaaten Rechtsvorschriften erlassen können, welche die aus der Richtlinie folgenden Rechte und Pflichten beschränken, wenn die Beschränkung für die nationale Sicherheit, die Landesverteidigung oder die öffentliche Sicherheit verhältnismäßig ist. Hierauf gestützt erließ die Bundesrepublik Deutschland die §§ 175, 176 des Telekommunikationsgesetzes (TKG). Diese sehen die sog. Vorratsdatenspeicherung, also die anlasslose Speicherung u.a. der Verkehrs- und Standortdaten für einen Zeitraum von zehn Wochen für Verkehrsdaten und vier Wochen für Standortdaten, vor. Die dabei gewonnenen Daten werden durch Vorgaben hinsichtlich der Weitergabe der Daten, des Datenschutzes und der Dokumentation geschützt. Diese Vorgaben gehen ihrerseits auf die Datenschutzrichtlinie für elektronische Kommunikation zurück.

Sind die deutschen Regelungen mit europäischen Grundrechten vereinbar?

Bearbeitungsvermerk: Auf die Weitergabe der Daten an bzw. den Zugriff auf die Daten durch die Strafverfolgungs- und Sicherheitsbehörden ist nicht einzugehen. Art. 11 GRCh ist nicht zu prüfen.

Die deutsche Vorratsdatenspeicherung ist mit europäischen Grundrechten vereinbar, sofern die EU-Grundrechtecharta (GRCh) anwendbar ist, die Vorratsdatenspeicherung in den Schutzbereich europäischer Grundrechte eingreift und dieser Eingriff nicht gerechtfertigt ist.

I. Anwendbarkeit

Zunächst müsste die GRCh anwendbar sein. Nach Art. 51 Abs. 1 S. 1 Hs. 2 GRCh gelten die Grundrechte der GRCh **für die Mitgliedstaaten** ausschließlich bei der **Durchführung des Rechts der Union**. Dies ist insbesondere der Fall, wenn Unionsrecht in nationales Recht **umgesetzt** oder von nationalen Behörden **vollzogen** wird.

1. Für die **Umsetzung von Unionsrecht** spricht hier, dass die §§ 175, 176 TKG gestützt auf Art. 15 Abs. 1 der RL 2002/58/EG erlassen worden sind und Ausnahmen von den darin enthaltenen Speicherungsverboten enthalten.

2. Dagegen spricht indes, dass die Bundesrepublik bei der Verpflichtung der Netzanbieter zur Vorratsdatenspeicherung gerade keine Vorgaben aus der RL 2002/58/EG umsetzt, sondern die in Art. 15 Abs. 1 der Richtlinie enthaltene **Öffnungsklausel** für nationale Vorschriften verwendet. Dies spricht zunächst für eine autonome Regelung des deutschen Gesetzgebers. Allerdings enthalten die deutschen Vorschriften Beschränkungen über die Weitergabe der Daten (§ 177 TKG), den Datenschutz (§ 178 TKG) und Dokumentationspflichten (§ 179 TKG). Insofern setzt der deutsche Gesetzgeber Vorgaben aus der Datenschutzrichtlinie für elektronische Kommunikation um, sodass der Gesamtregelungszusammenhang für eine Durchführung von Unionsrecht spricht. Die GRCh ist damit anwendbar.

II. Schutzbereich

Weiterhin könnte der Schutzbereich der **Art. 7, 8 GRCh eröffnet** sein. Art. 7 GRCh begründet das Recht auf Achtung des Privat- und Familienlebens, der Wohnung sowie der Kommunikation, Art. 8 GRCh das Recht auf Schutz personenbezogener Daten. Die Gewährleistungen der Art. 7, 8 GRCh sind eng aufeinander bezogen. Jedenfalls soweit es um die Verarbeitung personenbezogener Daten geht, bilden diese beiden Grundrechte eine **einheitliche Schutzverbürgung**. Die auf der Grundlage der §§ 175, 176 TKG zu speichernden Daten sind insofern als personenbezogen einzuordnen, als die Verkehrs- und Standortdaten **Informationen über eine Vielzahl von Aspekten des Privatlebens der Betroffenen** enthalten können, einschließlich sensibler Informationen wie sexuelle Orientierung, politische Meinungen, religiöse, philosophische, gesellschaftliche oder andere Überzeugungen sowie den Gesundheitszustand, wobei solche Daten im Übrigen im Unionsrecht besonderen Schutz genießen. Aus der Gesamtheit dieser Daten können **sehr genaue Schlüsse auf das Privatleben der Personen**, deren Daten gespeichert wurden, gezogen werden, etwa auf Gewohnheiten des täglichen Lebens, ständige oder vorübergehende Aufenthaltsorte, tägliche oder in anderem Rhythmus erfolgende Ortsveränderungen, ausgeübte Tätigkeiten, soziale Beziehungen der Personen und das soziale Umfeld, in dem sie verkehren. Diese Daten ermöglichen insbesondere die **Erstellung eines Profils der Betroffenen**, welches im Hinblick auf das Recht auf Achtung des Privatlebens eine ebenso sensible Information darstellt wie der Inhalt der Kommunikation selbst. Der Schutzbereich der Art. 7, 8 GRCh ist damit eröffnet.

III. Eingriff

Durch die **Speicherung** der Verkehrs- und Standortdaten wird auch in den Schutzbereich der vorgenannten Grundrechte **eingegriffen**. Insoweit ist festzustellen, dass die Speicherung der Verkehrs- und Standortdaten als solche zum einen eine Abweichung von dem für alle anderen Personen als die Nutzer geltenden Verbot der Speicherung dieser Daten darstellt und zum anderen einen Eingriff in die Grundrechte auf Achtung des Privatlebens und auf den Schutz personenbezogener Daten, die in den Art. 7, 8 GRCh verankert sind; dabei ist es unerheblich, ob die betreffenden Informationen über das Privatleben sensiblen Charakter haben oder ob die Betroffenen durch diesen Eingriff Nachteile erlitten haben oder ob die gespeicherten Daten in der Folge verwendet werden oder nicht.

IV. Rechtfertigung

Der in der Speicherung liegende Eingriff könnte gerechtfertigt sein.

1. Gesetzesvorbehalt, Art. 52 Abs. 1 S. 1 GRCh

Im Sinne des Art. 52 Abs. 1 S. 1 GRCh **gesetzlich vorgesehen** sind mitgliedstaatliche Maßnahmen, wenn sie in einem **nationalen Gesetz** geregelt sind. Dies trifft hier auf die Verpflichtung der Netzbetreiber zur Vorratsdatenspeicherung aus den **§§ 175, 176 TKG** zu.

2. Wesensgehaltsgarantie

Anhaltspunkte dafür, dass der **Wesensgehalt verletzt** (Art. 51 Abs. 1 S. 1 GRCh a.E.) sein könnte, sind nicht ersichtlich.

3. Verhältnismäßigkeit

Gerechtfertigt ist der Eingriff nach Art. 52 Abs. 1 S. 2 GRCh allerdings nur, wenn er verhältnismäßig ist.

a) Legitimer Zweck

Als legitimer Zweck kommen nicht nur der Schutz der nationalen Sicherheit und die Bekämpfung schwerer Kriminalität in Betracht. Durch die Verfolgung dieser Ziele wird zudem ein **Beitrag zum Schutz der Rechte und Freiheiten anderer** geleistet. Somit ist in Bezug insbesondere auf die wirksame Bekämpfung von Straftaten, deren Opfer u.a. Minderjährige und andere schutzbedürftige Personen sind, zu berücksichtigen, dass sich aus Art. 7 GRCh **positive Verpflichtungen der Behörden** im Hinblick auf den Erlass rechtlicher Maßnahmen **zum Schutz des Privat- und Familienlebens** ergeben können. Solche Verpflichtungen können sich aus Art. 7 GRCh auch in Bezug auf den Schutz der Wohnung und der Kommunikation sowie aus den Art. 3, 4 GRCh hinsichtlich des Schutzes der körperlichen und geistigen Unversehrtheit der Menschen ergeben.

Der EuGH schreibt den europäischen Grundrechten damit nicht nur eine Abwehrfunktion gegen Unionsorgane und die Mitgliedstaaten zu, sondern gestaltet sie auch als Schutz- und Leistungsrechte aus. Insofern kommen den Grundrechten der GRCh vergleichbare Funktionen wie den deutschen Grundrechten zu.

b) Geeignetheit

Die Vorratsdatenspeicherung ist grundsätzlich geeignet. Die Speicherung der Kommunikationsdaten auf Vorrat ermöglicht die spätere Auswertung der Daten durch die Strafverfolgungsbehörden und die Gewinnung von im Strafverfahren nutzbaren Informationen.

c) Erforderlichkeit

Die Vorratsdatenspeicherung ist erforderlich, wenn von mehreren zur Auswahl stehenden geeigneten Maßnahmen diejenige gewählt wird, welche die geringste Belastung enthält.

Aus Sicht des Gerichtshofs stehen **mildere Mittel** zur Verfügung, die z.B. auf der Grundlage objektiver und nicht diskriminierender Kriterien anhand von **Kategorien betroffener Personen** oder mittels eines **geografischen Kriteriums** für einen auf das absolut Notwendige begrenzten, aber verlängerbaren Zeitraum eine **gezielte Vorratsspeicherung** von Verkehrs- und Standortdaten vorsehen, oder, die für einen **auf das absolut Notwendige begrenzten Zeitraum** eine allgemeine und unterschiedslose Vorratsspeicherung der **IP-Adressen**, die der Quelle einer Verbindung zugewiesen sind, vorsehen. Genauso gut wäre eine allgemeine und unterschiedslose Vorratsspeicherung der die **Identität der Nutzer** elektronischer Kommuni-

Den Betreibern elektronischer Kommunikationsdienste kann aufgegeben werden mittels einer Entscheidung der zuständigen Behörde, die einer wirksamen gerichtlichen Kontrolle unterliegt, während eines festgelegten Zeitraums die ihnen zur Verfügung stehenden Verkehrs- und Standortdaten umgehend zu sichern (quick freeze).

kationsmittel betreffenden Daten denkbar. Auch das Quick-Freeze-Verfahren wäre ein mögliches milderes Mittel.

Dass die vorgenannten milderen Mittel nicht gleich geeignet sind, da die allgemeine und unterschiedslose Vorratsdatenspeicherung umfangreichere Grundlagen für die Strafverfolgung liefere, ist für den EuGH unbeachtlich. Denn die Wirksamkeit der Strafverfolgung im Allgemeinen hängt nicht von einem einzigen Ermittlungsinstrument ab, sondern von allen Ermittlungsinstrumenten, über die die zuständigen nationalen Behörden zu diesem Zweck verfügen. Die deutsche Vorratsdatenspeicherung ist danach schon nicht erforderlich.

d) Angemessenheit

Ferner könnte die Vorratsdatenspeicherung auch unangemessen sein. Bereits aus dem Wortlaut von Art. 15 Abs. 1 S. 1 der RL 2002/58 ergibt sich, dass die Vorratsdatenspeicherung **in einem „strikt" angemessenen Verhältnis zum intendierten Zweck** stehen muss. Deswegen ist darauf hinzuweisen, dass der Schutz des Grundrechts auf Achtung des Privatlebens verlangt, dass sich die Ausnahmen **auf das absolut Notwendige** beschränken. Darüber hinaus kann eine dem Gemeinwohl dienende Zielsetzung nicht verfolgt werden, ohne den Umstand zu berücksichtigen, dass sie mit den von der Maßnahme betroffenen Grundrechten in Einklang gebracht werden muss, indem eine **ausgewogene Gewichtung der dem Gemeinwohl dienenden Zielsetzung und der fraglichen Rechte** vorgenommen wird.

aa) Allgemeine Anforderungen an Rechtsnorm

Hieraus lassen sich allgemeine Anforderungen ableiten, die eine nationale Rechtsvorschrift einhalten muss, um angemessen zu sein. Um diesen Anforderungen zu genügen, müssen nationale Rechtsvorschriften **klare und präzise Regeln** für die Tragweite und die Anwendung der betreffenden Maßnahme vorsehen und **Mindesterfordernisse** aufstellen, sodass die Personen, deren personenbezogene Daten betroffen sind, über ausreichende Garantien verfügen, die einen **wirksamen Schutz** dieser Daten **vor Missbrauchsrisiken** ermöglichen. Nationale Rechtsvorschriften, welche eine Vorratsspeicherung personenbezogener Daten vorsehen, müssen deswegen stets **objektiven Kriterien** genügen, die einen **Zusammenhang zwischen den zu speichernden Daten und dem verfolgten Ziel** herstellen.

Der EuGH macht deutlich, dass für die anlasslose und vollumfängliche Vorratsdatenspeicherung eine konkrete Gefahr für die nationale Sicherheit erforderlich ist.

Welche weiteren Anforderungen an die mitgliedstaatlichen Regelungen zu stellen sind, hängt davon ab, auf welcher **hierarchischen Ebene** die verfolgten Ziele jeweils stehen. Daher steht diese Bestimmung den Rechtsvorschriften nicht entgegen, die es zum Schutz der nationalen Sicherheit gestatten, den Betreibern elektronischer Kommunikationsdienste aufzugeben, Verkehrs- und Standortdaten allgemein und unterschiedslos auf Vorrat zu speichern, **wenn sich der betreffende Mitgliedstaat einer als real und aktuell oder vorhersehbar einzustufenden ernsten Bedrohung für die nationale Sicherheit gegenübersieht**. Bezüglich des Ziels der **Verhütung, Ermittlung, Feststellung und Verfolgung von Straftaten**, hat der Gerichtshof festgestellt, dass im Einklang mit dem Grundsatz der Verhältnismäßigkeit nur die **Bekämpfung schwerer Kriminalität** und die

Verhütung ernster Bedrohungen der öffentlichen Sicherheit geeignet sind, die mit der Speicherung von Verkehrs- und Standortdaten verbundenen schweren Eingriffe in die Grundrechte zu rechtfertigen.

bb) Gründe für Unangemessenheit

Obwohl die deutschen Vorschriften die Vorratsdatenspeicherung zum Zwecke der Verfolgung besonders schwerer Straftaten beschränken und damit ein hierarchisch ausreichend hochwertiges Rechtsgut verfolgen, ordnet der EuGH die Vorschriften als unangemessen ein.

(1) Schwere des Eingriffs

Der Eingriff in die Grundrechte aus Art. 7, 8 GRCh ist **schwerwiegend**. Zwar nimmt die nationale Regelung den Inhalt der Kommunikation sowie die Daten über aufgerufene Internetseiten von der Speicherpflicht aus und schreibt die Speicherung der Funkzellenkennung lediglich zu Beginn der Kommunikation vor. Trotz dieser Beschränkungen können die Kategorien der auf Vorrat gespeicherten Daten sehr genaue Schlüsse auf das Privatleben der betroffenen Personen – etwa auf Gewohnheiten des täglichen Lebens, ständige oder vorübergehende Aufenthaltsorte, tägliche oder in anderem Rhythmus erfolgende Ortsveränderungen, ausgeübte Tätigkeiten, soziale Beziehungen dieser Personen und das soziale Umfeld, in dem sie verkehren – und insbesondere die Erstellung eines Profils dieser Personen ermöglichen.

(2) Keine Kompensation durch kurze Speicherdauer

Die mit zehn bzw. vier Wochen recht kurze **Speicherungsdauer** vermag den schwerwiegenden Eingriff indes **nicht zu kompensieren**, können doch aus den umfangreichen Daten Profile der Nutzenden erstellt werden. Demnach ist die Speicherung der Verkehrs- oder Standortdaten, die Informationen über die Kommunikation des Nutzers eines elektronischen Kommunikationsmittels oder über den Standort der von ihm verwendeten Endgeräte liefern können, in jedem Fall schwerwiegend, unabhängig von der Länge des Speicherzeitraums und von der Menge oder der Art der gespeicherten Daten, sofern der Datensatz geeignet ist, sehr genaue Schlüsse auf das Privatleben der betroffenen Person bzw. betroffenen Personen zuzulassen.

(3) Verhältnis Schwere des Eingriffs und Zweck

Zudem steht der schwere Eingriff außer Verhältnis zu den verfolgten Zwecken. Es ist darauf hinzuweisen, dass zwar die Bekämpfung schwerer Kriminalität von größter Bedeutung für die Gewährleistung der öffentlichen Sicherheit ist und dass ihre Wirksamkeit in hohem Maß von der Nutzung moderner Ermittlungstechniken abhängen kann; eine solche dem Gemeinwohl dienende Zielsetzung kann aber, so grundlegend sie auch sein mag, für sich genommen die Erforderlichkeit einer Maßnahme der allgemeinen und unterschiedslosen Vorratsspeicherung von Verkehrs- und Standortdaten nicht rechtfertigen.

(4) Kreis der Betroffenen

Auch der Kreis der Betroffenen ist unangemessen weit gefasst. Aus den §§ 175, 176 TKG ergebe sich, dass die Vorratsdatenspeicherung **nahezu alle die Bevölkerung bildenden Personen betrifft**, ohne dass diese sich auch nur mittelbar in einer Lage befänden, die Anlass zur Strafverfolgung geben könnte. Auch schreibt sie die anlasslose, flächendeckende und personell, zeitlich und geografisch undifferenzierte Vorratsspeicherung eines Großteils der Verkehrs- und Standortdaten vor. Selbst die aus Grundrechten folgenden Schutzpflichten der Mitgliedstaaten können keine so schwerwiegenden Eingriffe rechtfertigen, wie sie mit nationalen Rechtsvorschriften, die eine Speicherung von Verkehrs- und Standortdaten vorsehen, für die in den Art. 7, 8 GRCh verankerten Grundrechte fast der gesamten Bevölkerung verbunden sind, ohne dass die Daten der Betroffenen einen **zumindest mittelbaren Zusammenhang mit dem verfolgten Ziel aufweisen.** Einen solchen Zusammenhang sehen die deutschen Vorschriften nicht vor.

Die Vorratsdatenspeicherung ist damit auch unangemessen, insgesamt unverhältnismäßig und damit nicht gerechtfertigt.[54]

Ergebnis: Die Vorratsdatenspeicherung aus §§ 175, 176 TKG verletzen die Grundrechte aus Art. 7, 8 GRCh.

54 EuGHRÜ 2022, 791 ff.

3. Abschnitt: Gleichheitsrechte

Fall 16: Verbot der Altersdiskriminierung, Berufsfreiheit

Mit der Verordnung VO (EU) 1178/2011 wurde die Europäische Agentur für Flugsicherheit (EASA) geschaffen, die für die Zulassung von Flugzeugen in der Europäischen Union zuständig ist. Obwohl die Zulassung von Privat-, Berufs- und Verkehrsflugzeugführern zunächst Aufgabe der Behörden der Mitgliedstaaten bleiben sollte, wurden die hierfür geltenden Regelungen als Anhang I der beiden Verordnungen beigefügt und mit einer Regelung versehen, nach der diese Vorgaben für die mitgliedstaatlichen Behörden gelten sollen. Eines dieser Regelungswerke ist die Joint Aviation Requirements – Flight Crew Licensing 1 (JAR-FLC 1). Diese regelt im Abschnitt FLC.065 die Einschränkung der Rechte von Lizenzinhabern im gewerblichen Luftverkehr, der die entgeltliche Beförderung von Fluggästen, Fracht oder Post erfassen soll, die 60 Jahre oder älter sind. Sie enthält u.a. folgende Regelung: „b) Altersgruppe ab 65 Jahren. Ein Inhaber einer Pilotenlizenz, der das Alter von 65 Jahren erreicht hat, darf nicht als Pilot eines Luftfahrzeugs im gewerblichen Luftverkehr tätig sein." F, der seit 1990 bei der deutschen Fluggesellschaft L als Verkehrsflugzeugführer im Rang eines Flugkapitäns beschäftigt ist und im November 2024 sein 65. Lebensjahr erreicht, fühlt sich durch die Regelung in seinen europäischen Grundrechten verletzt. Die Regelung stelle eine Verletzung des Verbots der Altersdiskriminierung aus Art. 21 Abs. 1 GRCh sowie der Berufsfreiheit aus Art. 15 Abs. 1 GRCh dar. Zumindest erfasse der Begriff „gewerblicher Luftverkehr" nicht die Durchführung von Leerflügen bzw. die Tätigkeit als Ausbilder und Prüfer im Flugzeug, sodass er diesen Tätigkeiten weiter nachkommen könne. Trifft die Auffassung des F zu?

Die Auffassung des F trifft zu, wenn die FCL.065 gegen die Grundrechte aus Art. 21 Abs. 1 GRCh oder Art. 15 Abs. 1 GRCh verstößt.

A. Verstoß gegen Art. 21 Abs. 1 GRCh

Liegt der Schwerpunkt wie hier in der Ungleichbehandlung, können Gleichheitsrechte ausnahmsweise vor Freiheitsrechten geprüft werden.

I. Anwendbarkeit

Nach Art. 51 Abs. 1 Hs. 1 GRCh gilt die GRCh für die Organe, Einrichtungen und sonstigen Stellen der Union. Darüber hinaus steht die GRCh nach Art. 6 Abs. 1 UAbs. 1 Hs. 2 EUV im Rang des europäischen Primärrechts. Dies hat zur Folge, dass die Organe der Union die GRCh insbesondere im Rahmen der Rechtsetzung, also bei dem Erlass von Richtlinien, Verordnungen und Beschlüssen zu berücksichtigen haben. Da die FCL.065 vom Europäischen Parlament und Rat in der VO (EU) 1178/2011 aufgenommen worden ist, muss sich die Regelung an der GRCh messen lassen. Die GRCh ist somit **anwendbar**.

II. Ungleichbehandlung

Art. 21 GRCh beinhaltet eine spezielle Ausprägung des allgemeinen Diskriminierungsverbotes aus Art. 20 GRCh.

In der Festlegung der Altersgrenze durch die FCL.065 lit. b könnte eine **Ungleichbehandlung wegen des Alters** liegen. Nach dieser Bestimmung darf der Inhaber einer Pilotenlizenz, nachdem er das Alter von 65 Jahren erreicht hat, nicht als Pilot eines Luftfahrzeugs im gewerblichen Luftverkehr tätig sein. Hierdurch wird ihm eine weniger günstige Behandlung zuteil als dem, der jünger als 65 Jahre ist. Folglich liegt eine Ungleichbehandlung wegen des Alters vor.

III. Rechtfertigung

Die Ungleichbehandlung könnte jedoch gerechtfertigt sein. Nach Art. 52 Abs. 1 S. 1 GRCh muss jede Einschränkung der Ausübung der in der Charta anerkannten Rechte und Freiheiten gesetzlich vorgesehen sein, den Wesensgehalt dieser Rechte und Freiheiten achten sowie mit dem Grundsatz der Verhältnismäßigkeit vereinbar sein.

1. Gesetzesvorbehalt, Art. 52 Abs. 1 GRCh

Zunächst müsste die Einschränkungsmöglichkeit des Art. 52 Abs. 1 GRCh durch eine **gesetzliche Regelung** konkretisiert worden sein. Folgt die Ungleichbehandlung aus einer Maßnahme eines Organs der Union, ist Gesetz in diesem Sinne jede abstrakt-generelle Regelung, die für den Bürger hinreichend zugänglich, bestimmt und vorhersehbar ist. Somit kommt sowohl primäres als auch sekundäres Unionsrecht in Betracht; innerhalb des sekundären Unionsrechts bilden sowohl Verordnungen[55] als auch Richtlinien[56] hinreichende gesetzliche Grundlagen.

Primäres als auch sekundäres Unionsrecht kommt jedoch nur in Betracht, sofern es unmittelbar anwendbar ist und nicht erst durch nationales Recht umgesetzt oder konkretisiert werden muss. Hier findet sich die Ungleichbehandlung hinsichtlich der Berechtigung zum Führen von Luftfahrzeugen im Anhang einer europäischen Verordnung, die als solche nach Art. 288 Abs. 2 S. 2 AEUV in den Mitgliedstaaten unmittelbar gilt und auch keine Einzelfallregelung trifft. Sie ist damit ausreichende gesetzliche Regelung zur Rechtfertigung der Ungleichbehandlung.

2. Wesensgehaltsgarantie

Weiterhin müsste die gesetzliche Regelung den Wesensgehalt des Art. 21 Abs. 1 GRCh wahren. Wann der Wesensgehalt eines Grundrechts verletzt ist, kann nicht allgemeingültig bestimmt werden, sondern ist unter Berücksichtigung der Besonderheiten des jeweiligen Grundrechts zu bestimmen. Im Hinblick auf das Diskriminierungsverbot ist der Wesensgehalt erst dort angetastet, wo das Grundrecht als solches infrage gestellt wird, also eine Diskriminierung nur ihrer selbst willen ohne einen sachlichen Grund vorgenommen wird. Bei der Regelung einer Altersgrenze für Verkehrspiloten geht es jedoch nicht darum, ältere Piloten zu diskriminieren. Mit der Altersgrenze wird vielmehr die **Sicherstellung der Flugsicherheit** verfolgt. Somit liegt ein sachlicher Grund vor, der Wesensgehalt des Art. 21 Abs. 1 GRCh ist nicht angetastet.

3. Verhältnismäßigkeit

Schließlich muss gemäß Art. 52 Abs. 1 S. 2 GRCh der **Grundsatz der Verhältnismäßigkeit** gewahrt sein.

---

55 EuGH EuZW 2010, 939 Rn. 66 *Schecke GbR u.a./Land Hessen*.

56 EuGH NVwZ 2016, 1789 Rn. 51 *J.N./Niederlande*; Jarass, Art. 52 GRCh Rn. 24.

a) Legitimer Zweck

Dies setzt zunächst die Verfolgung eines legitimen Ziels voraus. Art. 52 Abs. 1 S. 2 GRCh bestimmt insoweit, dass hierfür entweder eine dem Gemeinwohl dienende Zielsetzung oder eine Maßnahme zum Schutz der Rechte und Freiheiten anderer in Betracht kommt. Durch die Festlegung einer festen Altersgrenze für Flugzeugführer beabsichtigt die FCL.065 als Bestandteil der sie wiedergebenden Verordnung, ein **einheitliches, hohes Sicherheitsniveau der Zivilluftfahrt in Europa** zu schaffen und aufrecht zu erhalten. Zugleich wird damit mittelbar der **Schutz der Bevölkerung** durch die im anderen Fall drohenden Gefahren bewirkt, sodass ein legitimes Ziel verfolgt wird.

b) Geeignetheit

Ferner muss die gesetzliche Regelung geeignet sein, das Ziel zu fördern. Insofern billigt der Gerichtshof den handelnden Organen einen weiten Beurteilungsspielraum zu, sodass eine entsprechende Förderung nur ausscheidet, wenn die Maßnahme offensichtlich ungeeignet ist. Eine Altersgrenze für Verkehrspiloten verhindert, dass ältere Piloten im gewerblichen Flugverkehr tätig sind. Maßnahmen, die auf die **Vermeidung von Flugzeugunglücken** durch Kontrolle der Tauglichkeit und körperlichen Fähigkeiten der Piloten abzielen, damit menschliche Schwächen nicht zur Ursache derartiger Unfälle werden, stellen Maßnahmen dar, die geeignet sind, die Sicherheit des Flugverkehrs zu gewährleisten. Die Tätigkeit des Verkehrspiloten setzt zudem voraus, dass diese über angemessene körperliche Fähigkeiten verfügen, da körperliche Schwächen in diesem Beruf beträchtliche Konsequenzen haben können. Die für die Verkehrspiloten erforderlichen Fähigkeiten wie z.B. Reaktionsfähigkeit und Reaktionsschnelligkeit nehmen jedoch unbestreitbar mit zunehmendem Alter ab.[57]

c) Erforderlichkeit

Letztlich müsste die Maßnahme auch erforderlich sein. Dies ist der Fall, wenn die Einführung einer Altersgrenze nicht über das zur Erreichung des angestrebten Ziels Erforderliche hinausgeht und die Interessen der über 65-jährigen Piloten nicht übermäßig beeinträchtigt. Da Piloten von Luftfahrzeugen in der Kette der Akteure der Luftfahrt ein **wesentliches Glied** darstellen, bleibt die Kompetenz dieser Spezialisten eine der Hauptgarantien für die Zuverlässigkeit und Sicherheit der Zivilluftfahrt. Vor diesem Hintergrund ist der Erlass von Maßnahmen, mit denen gewährleistet werden soll, dass nur die über die **erforderlichen körperlichen Fähigkeiten verfügenden Personen Luftfahrzeuge fliegen dürfen**, unerlässlich, um die Gefahr von Zwischenfällen aufgrund menschlichen Versagens auf ein Mindestmaß zu verringern.

aa) Milderes Mittel

Gegenüber einer starren Altersgrenze würde sich allerdings eine **individuelle Prüfung der körperlichen und psychischen Fähigkeiten** jedes Inhabers einer Pilotenlizenz, der älter als 65 Jahre ist, als milderes Mittel darstellen.

57 EuGH RÜ 2017, 586, 588 *Fries/Lufthansa CityLine GmbH.*

Allerdings steht dem Unionsgesetzgeber aufgrund der großen Gefahren für die Zivilbevölkerung ein **Wertungsspielraum** zu. Aufgrund dieses Wertungsspielraums ist er nicht dazu verpflichtet, statt einer Altersgrenze eine individuelle Prüfung der Fähigkeiten vorzusehen. Diese Entscheidung überschreitet nicht die Grenzen des Wertungsspielraums, da die Altersgrenze von 65 Jahren auf dem aktuellen Stand des medizinischen Fachwissens auf diesem Gebiet beruht. Angesichts der Bedeutung menschlicher Faktoren in der Zivilluftfahrt sowie des über die Jahre fortschreitenden Verlustes der für die Ausübung des Pilotenberufs erforderlichen körperlichen Fähigkeiten erscheint es daher durchaus erforderlich, für die Tätigkeit eines Piloten im gewerblichen Luftverkehr eine Altersgrenze festzulegen. Damit wird ein angemessenes Sicherheitsniveau der Zivilluftfahrt in Europa gewährleistet und aufrechterhalten.

bb) Abwägung der Interessen

Zudem ist bei der vorzunehmenden Abwägung zu berücksichtigen, dass diese Altersgrenze nicht automatisch bewirkt, dass die Betroffenen gezwungen werden, endgültig aus dem Arbeitsmarkt auszuscheiden. Mit der Altersgrenze ist keine zwingende Regelung zur Versetzung in den Ruhestand von Amts wegen eingeführt. Auch beendet die Altersgrenze nicht automatisch das Arbeitsverhältnis eines Beschäftigten. Die Piloten werden nicht von jeglicher Aktivität auf dem Gebiet der Luftfahrt ausgeschlossen, sondern die Altersgrenze verbietet ihnen lediglich, als Pilot im gewerblichen Luftverkehr tätig zu sein.

Dies gilt umso mehr, wenn das Verbot der FCL.065 nicht das Verbot enthält, nach Erreichen der Altersgrenze als Pilot Leer- oder Überführungsflüge im Gewerbebetrieb eines Luftverkehrsunternehmens durchzuführen, bei denen weder Fluggäste noch Fracht oder Post befördert werden, sowie – ohne Mitglied der Flugbesatzung zu sein – als Ausbilder und/oder Prüfer an Bord eines Luftfahrzeugs tätig zu sein. Gemäß FCL.065 lit. b des Anhangs I der Verordnung darf der Inhaber einer Pilotenlizenz, der das Alter von 65 Jahren erreicht hat, nicht als Pilot eines Luftfahrzeugs im gewerblichen Luftverkehr tätig sein. Bereits aus dem **Wortlaut** dieser Bestimmung ergibt sich, dass nur die Sachverhalte der durch diese Bestimmung vorgesehenen Einschränkung unterfallen, bei denen kumulativ drei Voraussetzungen erfüllt sind: Der Inhaber der Pilotenlizenz muss das 65. Lebensjahr erreicht haben, er muss als Pilot eines Luftfahrzeugs tätig werden und dieses Luftfahrzeug muss im gewerblichen Luftverkehr betrieben werden.

(a) Beförderung

Der Begriff „gewerblicher Luftverkehr" wird von der FCL.065 ausdrücklich als die **entgeltliche Beförderung von Fluggästen, Fracht oder Post** definiert. Bei Leer- und Überführungsflügen handelt es sich jedoch nicht um Flüge, die der Beförderung von Fluggästen, Fracht oder Post dienen.

(b) Ausbildung und Prüfung

Was die Tätigkeiten im Zusammenhang mit der Ausbildung und Prüfung von Piloten angeht, ist festzustellen, dass sich der Inhaber einer Pilotenlizenz, der als Ausbilder und/oder Prüfer tätig ist, zwar im Cockpit des Flugzeugs aufhält, dieses aber nicht fliegt. Dementsprechend ist die FCL.065 dahingehend auszulegen, dass sie dem Inhaber einer Pilotenlizenz, der das

Alter von 65 Jahren erreicht hat, weder verbietet, als Pilot Leer- und Überführungsflüge im Gewerbebetrieb eines Luftverkehrsunternehmens durchzuführen, bei denen weder Fluggäste noch Fracht oder Post befördert werden, noch – ohne Mitglied der Flugbesatzung zu sein – als Ausbilder und/oder Prüfer an Bord eines Luftfahrzeugs tätig zu sein.[58]

Damit erweist sich die Regelung als erforderlich und somit insgesamt verhältnismäßig. Die Ungleichbehandlung aufgrund des Alters verletzt damit nicht das Diskriminierungsverbot aus Art. 21 Abs. 1 GRCh.

B. Verstoß gegen Art. 15 Abs. 1 GRCh

Der Gerichtshof prüft nur dann einschichtig, wenn die im konkreten Fall betroffenen Grundrechte derselben Art von Grundrechten zugeordnet werden können.

Die Einführung einer Altersgrenze könnte aber eine Verletzung der Berufsfreiheit aus Art. 15 Abs. 1 GRCh beinhalten.

I. Schutzbereich

Dann müsste durch die Regelung zunächst der Schutzbereich betroffen sein. Art. 15 Abs. 1 GRCh garantiert das Recht, zu arbeiten und einen Beruf auszuüben. Unter Beruf in diesem Sinne fällt jede auf Dauer angelegte Tätigkeit zur Schaffung und Erhaltung einer Lebensgrundlage,[59] folglich auch die Tätigkeit als Berufspilot. Damit ist der Schutzbereich betroffen.

II. Eingriff

Ein Eingriff liegt vor, wenn eine Maßnahme von Organen der Union oder Mitgliedstaaten zu einer Verkürzung des grundrechtlich gewährleisteten Schutzbereichs führt. Geschützt werden durch die Berufsfreiheit die umfassende Ausübung der Tätigkeit und damit auch die Wahl des Zeitpunktes, zu dem eine einmal aufgenommene Tätigkeit endet. Durch die Altersgrenze der FCL.065 wird den Piloten die freie Entscheidung über die Beendigung der Tätigkeit entzogen, sodass die entsprechende Verordnung in den Schutzbereich der Berufsfreiheit eingreift.

III. Rechtfertigung

Altersgrenzen sind immer wieder Bestandteil von Grundrechtsklausuren – sowohl im Bereich der nationalen wie auch der europäischen Grundrechte![60]

Der Eingriff könnte aber gerechtfertigt sein. Die freie Berufsausübung wird von der GRCh nicht absolut gewährleistet, sondern ist im Zusammenhang mit ihrer gesellschaftlichen Funktion zu sehen. Die Ausübung der Berufsfreiheit kann daher Beschränkungen unterworfen werden, sofern diese tatsächlich den dem Gemeinwohl dienenden Zielen der Union entsprechen und keinen im Hinblick auf den verfolgten Zweck unverhältnismäßigen und untragbaren Eingriff darstellen, der diese Rechte in ihrem Wesensgehalt antastet. Insofern gilt als Maßstab erneut Art. 52 Abs. 1 GRCh.

1. Gesetzesvorbehalt

Wie bereits oben ausgeführt, liegt mit der VO (EU) 1178/2011 eine **ausreichende gesetzliche Grundlage** i.S.d. Art. 52 Abs. 1 S. 1 GRCh vor.

2. Wesensgehaltsgarantie

Des Weiteren tastet die Einschränkung **nicht den Wesensgehalt** der Berufsfreiheit selbst an, da sie die berufliche Tätigkeit der Inhaber einer Pilo-

58 EuGH RÜ 2017, 586, 588 *Fries/Lufthansa CityLine GmbH*.

59 Wegen Art. 52 Abs. 4 GRCh kannst Du die Auslegung der Leitbegriffe an denen der deutschen Grundrechte orientieren.

60 Kurze Sammlung von Beispielsfällen bei Sommer RÜ 2017, 590 f.

tenlizenz, die das Alter von 65 Jahren erreicht haben, **lediglich bestimmten Einschränkungen** unterwirft.

3. Verhältnismäßigkeit

Wie sich bereits aus den obigen Ausführungen zur Rechtfertigung der Ungleichbehandlung aufgrund des Alters ergibt, hat der Unionsgesetzgeber die Anforderungen der Sicherheit des Flugverkehrs und das individuelle Recht des Inhabers einer Pilotenlizenz, zu arbeiten und einen gewählten Beruf auszuüben, in der Weise abgewogen, bei der nicht angenommen werden kann, dass sie außer Verhältnis zum verfolgten Ziel steht.[61]

Folglich ist auch der Eingriff in die Berufsfreiheit gerechtfertigt, eine Verletzung des Art. 15 Abs. 1 GRCh liegt nicht vor.

Ergebnis: Die Auffassung des F trifft nicht zu.

61 EuGH RÜ 2017, 586, 590 *Fries/Lufthansa CityLine GmbH.*

4. Abschnitt: Beitritt zur EMRK

Fall 17: Beitritt der EU zur EMRK

Der Schutz der Menschenrechte in Europa ist eines der Hauptziele des Europarates, der 1949 gegründeten und damit ältesten zwischenstaatlichen politischen Organisation in Europa. Die wichtigste seiner Konventionen ist die Europäische Menschenrechtskonvention (EMRK), die am 03.09.1953 in Kraft getreten ist. Ziel der EMRK ist es, einen Mindeststandard an Menschenrechten in Europa zu gewährleisten. Derzeit sind 47 europäische Staaten Mitglieder des Europarates, darunter alle 27 Mitgliedstaaten der Europäischen Union. Über die Umsetzung der EMRK in den Mitgliedstaaten des Europarates wacht der Europäische Gerichtshof für Menschenrechte (EGMR). Nach Art. 46 Abs. 1 EMRK sind die Vertragsparteien verpflichtet, in allen Rechtssachen, in denen sie Partei sind, das endgültige Urteil des EGMR zu befolgen.

Art. 6 Abs. 2 S. 1 EUV sieht vor, dass die Europäische Union der EMRK beitritt. Nach dem hierzu beschlossenen Protokoll Nr. 8 muss dieser Beitritt bestimmte Bedingungen erfüllen. Insbesondere ist sicherzustellen, dass die besonderen Merkmale der Union und des Unionsrechts enthalten und die Zuständigkeiten der Union und die Befugnisse ihrer Organe unberührt bleiben. Insoweit wiederholt das Protokoll die Regelung in Art. 6 Abs. 2 S. 2 EUV.

Untersuchen Sie unter Berücksichtigung aller rechtlich in Betracht kommenden Gesichtspunkte, ob ein Beitritt der Union zur EMRK mit dem Unionsrecht vereinbar ist, wenn der hierzu ausgehandelte Entwurf eines Beitrittsvertrages keine Regelungen zum Rangverhältnis zwischen dem EGMR und dem Gerichtshof der Europäischen Union enthält, eine Regelung entsprechend Art. 53 GRCh fehlt und keine Regelung aufgenommen wurde, die einer Beeinträchtigung des Grundsatzes gegenseitigen Vertrauens zwischen den EU-Mitgliedstaaten bewirkt!

Der Beitritt ist mit dem Unionsrecht vereinbar, wenn er insbesondere den Vorgaben des Protokolls Nr. 8 entspricht und wenn die mit dem EMRK-Beitritt für die Union einhergehenden Konsequenzen mit den Vorschriften der Verträge und den Grundprinzipien der EU in Einklang stehen.

Art. 1 des Protokolls Nr. 8
In der Übereinkunft über den Beitritt der Union zur Europäischen Konvention zum Schutz der Menschenrechte und Grundfreiheiten (...) nach Art. 6 Abs. 2 des Vertrags über die Europäische Union wird dafür Sorge getragen, dass die besonderen Merkmale der Union und des Unionsrechts erhalten bleiben, ...

I. Vereinbarkeit des Beitritts mit Art. 6 Abs. 2 EUV i.V.m. dem Protokoll Nr. 8

Der Beitritt könnte bereits mit Art. 6 Abs. 2 EUV i.V.m. dem Protokoll Nr. 8 nicht in Einklang stehen. Danach müssen auch nach einem Beitritt die **besonderen Merkmale der Union** und des **Unionsrechts** erhalten bleiben. Dies hängt mit den Folgen zusammen, die inzwischen aus den Verträgen über die Europäische Union und ihre Arbeitsweise entstanden sind: Obwohl es sich bei diesen Verträgen – wie bei dem Vertrag über den Beitritt zur EMRK – um einen völkerrechtlichen Vertrag handelt, hat sich innerhalb der EU eine neue, mit eigenen Organen ausgestattete Rechtsordnung entwickelt. Zu deren Gunsten haben die der Union angehörenden Staaten in einigen Bereichen Kompetenzen an die EU übertragen und damit auf ihre eigenen Souveränitätsregeln verzichtet (vgl. Art. 23 GG). Um nicht mit diesen Grundprinzipien in Konflikt zu geraten, könnten sich für den Beitritt der EU zur EMRK besondere Bedingungen ergeben.

1. Dagegen könnte jedoch sprechen, dass die Grund- und Menschenrechte, wie sie in der EMRK gewährleistet sind, bereits heute über Art. 6 Abs. 3 EUV als **allgemeine Grundsätze Teil des Unionsrechts** sind. Diese sind insbesondere im Rahmen der Rspr. des Gerichtshofs zwar zu berücksichtigen, aber im Lichte der Verfassungstraditionen der einzelnen Mitgliedstaaten der Union auszulegen und anzuwenden, sodass sie zumindest keine unmittelbare Bindung der Unionsorgane herbeiführen. Die EMRK ist, solange ihr die Union nicht beigetreten ist, kein förmlicher Teil der Unionsrechtsordnung.

Art. 2 des Protokolls Nr. 8
In der Übereinkunft nach Art. 1 wird sichergestellt, dass der Beitritt der Union die Zuständigkeiten der Union und die Befugnisse ihrer Organe unberührt lässt. Es wird sichergestellt, dass die Bestimmungen der Übereinkunft die besondere Situation der Mitgliedstaaten in Bezug auf die Europäische Konvention unberührt lässt, ...

2. Würde die Union der EMRK hingegen beitreten, würde sich dies ändern: Die EMRK würde Bestandteil des Unionsrechts, was zur Folge hätte, dass die Union, wie jede andere Vertragspartei, einer **externen Kontrolle** unterliegen würde, deren Gegenstand die Beachtung der Rechte und Freiheiten wäre, zu deren Einhaltung sich die Union nach Art. 1 EMRK verpflichten würde. In diesem Zusammenhang würden die Union und ihre Organe, einschließlich des Gerichtshofs, den in der EMRK vorgesehenen Kontrollmechanismen und insbesondere den **Entscheidungen und Urteilen des EGMR unterliegen**. Fraglich ist, ob dies mit **Art. 2 des Protokolls Nr. 8** vereinbar ist.

Nach der Rspr. des Gerichtshofs kann eine internationale Übereinkunft, die die Schaffung eines mit der Auslegung ihrer Bestimmungen betrauten Gerichts vorsieht, dessen Entscheidungen für die Organe der Union einschließlich des Gerichtshofs der Europäischen Union bindend sind, grundsätzlich mit dem Unionsrecht vereinbar sein. Dies gilt insbesondere vor dem Hintergrund, dass das europäische Primärrecht, namentlich Art. 6 Abs. 2 S. 1 EUV, selbst den Beitritt zu einer derartigen internationalen Übereinkunft in Form der EMRK vorsieht. Allerdings soll nach dem Gerichtshof eine **Ausnahme** von diesem Grundsatz gelten, wenn die **Autonomie der Unionsrechtsordnung beeinträchtigt** wird.[62]

a) Autonomie des Unionsrechts

Prägend für die Autonomie des Unionsrechts ist, dass der Union und ihren Organen keine bestimmte Auslegung des Unionsrechts durch externe Kontrolle verbindlich vorgegeben werden darf. Die Kontrolle hinsichtlich der Auslegung und Anwendung des Unionsrechts obliegt vielmehr allein dem Gerichtshof der Europäischen Union; eine übergeordnete Beschwerdemöglichkeit gegen Entscheidungen des Gerichtshofs als Teil des Gerichtshofs der Europäischen Union existiert nicht.

Folge des Beitritts der EU zur EMRK wäre jedoch, dass die Auslegung der EMRK durch den EGMR die Union und ihre Organe, einschließlich des Gerichtshofs, **völkerrechtlich binden** würde. Eine umgekehrte Bindungswirkung kommt hingegen nicht in Betracht: Die Auslegung eines in der EMRK anerkannten Menschenrechts durch den Gerichtshof wäre für die in der

62 EuGH RÜ 2015, 242, 244 *EMRK*.

EMRK vorgesehenen Kontrollmechanismen und insbesondere den EGMR nicht bindend. Diese einseitige Kontrollmöglichkeit durch den EGMR spricht bereits für eine Beeinträchtigung der Autonomie der Unionsrechtsordnung.

b) Beeinträchtigung der Geltungskraft der GRCh

Darüber hinaus könnte die **Geltungskraft der EU-Grundrechtecharta (GRCh)** beeinträchtigt werden. **Art. 53 EMRK** behält den Vertragsparteien im Wesentlichen vor, höhere als die durch die EMRK gewährleisteten Schutzstandards für die Grundrechte vorzusehen. Damit die Mitgliedstaaten, die zugleich Mitgliedstaaten der Union und der EMRK sind, diese Berechtigung nicht dahingehend verwenden, den Vorrang, die Einheit und die Wirksamkeit des Unionsrechts zu verhindern, müsste in der Beitrittserklärung der EU zur EMRK eine Regelung getroffen werden, die derjenigen in Art. 53 GRCh entspricht. Eine solche Klausel fehlt dem Beitrittsentwurf jedoch, sodass eine Abstimmung zwischen Art. 53 EMRK und Art. 53 GRCh derzeit nicht gewährleistet ist. Auch hieraus ergibt sich eine – wenngleich nur potenzielle – Beeinträchtigung der Autonomie des Unionsrechts.

Art. 53 EMRK
Diese Konvention ist nicht so auszulegen, als beschränke oder beeinträchtige sie Menschenrechte und Grundfreiheiten, die in den Gesetzen einer Hohen Vertragspartei oder in einer anderen Übereinkunft, deren Vertragspartei sie ist, anerkannt werden.

c) Vorkehrungen für Verhinderung der Beeinträchtigung

Darüber hinaus enthält der Beitrittsentwurf keine Vorkehrungen, um eine Beeinträchtigung des **unionsrechtlichen Grundsatzes des gegenseitigen Vertrauens** zwischen den Mitgliedstaaten zu verhindern. Dieser Grundsatz verlangt, dass jeder Mitgliedstaat davon ausgehen darf, dass alle anderen Mitgliedstaaten das Unionsrecht und insbesondere die dort anerkannten Grundrechte beachten. Die EMRK schreibt demgegenüber vor, dass die Union und die Mitgliedstaaten nicht nur in ihren Beziehungen zu den Vertragsparteien, die nicht Mitgliedstaaten der EU sind, sondern auch in ihren gegenseitigen Beziehungen – selbst wenn für diese Beziehungen das Unionsrecht gilt – verpflichtet sind, die Einhaltung der Grundsätze der EMRK zu überprüfen. Damit ergibt sich ein System gegenseitiger Kontrolle, das zum einen dem im Übrigen zwischen diesen Staaten geltenden Grundsatz des Vorrangs des Unionsrechts, zum anderen mit dem Grundsatz des gegenseitigen Vertrauens unvereinbar ist. Damit ist der Beitritt der EU zur EMRK unter den jetzigen Bedingungen geeignet, das Gleichgewicht, auf dem die Union beruht, sowie die Autonomie des Unionsrechts zu beeinträchtigen.[63]

d) Einfluss der EMRK auf das Rechtsschutzsystem

Ferner könnte auch der Einfluss der EMRK auf das Rechtsschutzsystem des AEUV die Autonomie des Unionsrechts beeinträchtigen. Nach dem Zusatzprotokoll Nr. 16 zur EMRK werden die höchsten Gerichte der Vertragsstaaten ermächtigt, den EGMR zu Gutachten über Grundsatzfragen betreffend die Auslegung oder Anwendung der durch die EMRK oder ihre Protokolle gewährleisteten Rechte und Freiheiten zu ersuchen. Sofern ein solches Ersuchen um die Erstattung eines Gutachtens Rechte betrifft, die (auch) durch die GRCh gewährleistet werden, könnte zugleich ein **Vorabentscheidungsverfahren nach Art. 267 AEUV** beim Gerichtshof ausgelöst

63 EuGH RÜ 2015, 242, 244 *EMRK*.

werden. Bei diesem Verfahren handelt es sich nach dem Verständnis des Gerichtshofs um das Schlüsselelement des durch die EU-Verträge geschaffenen Gerichtssystems.[64] Es besteht somit die Möglichkeit, dass das EMRK-Verfahren als dem Vorabentscheidungsverfahren vorrangig verstanden wird, was wiederum der Autonomie des Unionsrechts zuwider liefe. Auch insofern liegt damit eine Beeinträchtigung dieser Autonomie vor.

Der Beitritt hält die Vorgaben des Protokolls Nr. 8 nicht ein und ist deshalb mit Unionsrecht unvereinbar.

Da die Fallfrage Dich auffordert, den Fall unter allen rechtlich in Betracht kommenden Gesichtspunkten zu untersuchen, musst Du auch nach der Feststellung des Verstoßes gegen das Protokoll Nr. 8 weiterprüfen!

II. Vereinbarkeit des Beitritts mit Art. 344 AEUV

Der Beitritt zur EMRK könnte weiterhin mit den in Art. 344 AEUV festgelegten **Grundsätzen zur Streitbeilegung** unvereinbar sein. Danach verpflichten sich die Mitgliedstaaten, Streitigkeiten über die Auslegung oder Anwendung der Verträge **ausschließlich nach dem Unionsrecht** zu regeln. Sinn und Zweck dieser Vorschrift ist es, den ausschließlichen Charakter der Modalitäten zur Regelung solcher unionsinterner Streitigkeiten und insbesondere die insoweit bestehende **Zuständigkeit des Gerichtshofs der Europäischen Union** zu wahren.

1. Wahrung der Zuständigkeit

Aus diesem Grund ist der Gerichtshof der Europäischen Union, wenn Unionsrecht in Rede steht, für jeden Rechtsstreit zwischen den Mitgliedstaaten sowie zwischen ihnen und der Union **ausschließlich zuständig**. Diesem Grundsatz steht jede vorherige oder nachträgliche externe Kontrolle entgegen. Nach dem Beitritt zur EMRK gilt dies auch für Streitigkeiten nach der EMRK, da diese durch den Beitritt zum Bestandteil des Unionsrechts wird.

Art. 33 EMRK
Jede Hohe Vertragspartei kann den Gerichtshof wegen jeder behaupteten Verletzung dieser Konvention und der Protokolle dazu durch eine andere Hohe Vertragspartei anrufen.

2. Mögliche Alternative über Art. 33 EMRK

Im Widerspruch dazu regelt **Art. 33 EMRK** ein eigenständiges Streitbeilegungsverfahren, das für alle Vertragsparteien, und damit nach dem Beitritt der EU zur EMRK auch für Streitigkeiten zwischen den Mitgliedstaaten oder zwischen ihnen und der Union gelten würde. Der Vertragsentwurf lässt für die Union oder die Mitgliedstaaten die Möglichkeit bestehen, den EGMR nach Art. 33 EMRK mit einem Ersuchen zu befassen, das den Vorwurf einer Verletzung der EMRK durch einen Mitgliedstaat oder durch die Union im Zusammenhang mit dem Unionsrecht zum Gegenstand hat.

Der Gerichtshof hat in dem diesem Fall zugrunde liegenden Gutachten (vgl. Art. 218 Abs. 11 S. 1 AEUV) durchblicken lassen, dass nur ein ausdrücklicher Ausschluss der Zuständigkeit des EGMR nach Art. 33 EMRK mit Art. 344 AEUV vereinbar sei.

Demzufolge bestünde eine zweite Rechtsschutzmöglichkeit bei Unionsrechtsakten, die neben den Zugang zum Gerichtshof der Europäischen Union tritt. Dies hätte aber zur Konsequenz, dass Streitigkeiten über das Unionsrecht nicht mehr ausschließlich nach dem Unionsrecht und den dort vorgesehenen Rechtsschutzmöglichkeiten beim Gerichtshof der Europäischen Union geregelt werden müssten. Demzufolge verstößt der Beitrittsentwurf auch gegen Art. 344 AEUV.

III. Vereinbarkeit des Eingriffs mit den Kompetenzen des Gerichtshofs

Der Beitritt der EU zur EMRK könnte des Weiteren zu einem unzulässigen **Eingriff in die Kompetenzen des Gerichtshofs der Europäischen Union** führen.

64 EuGH RÜ 2015, 242, 245 *EMRK*.

Die EMRK macht die Zulässigkeit einer Individualbeschwerde nach Art. 34 EMRK u.a. davon abhängig, dass der Beschwerdeführer alle „innerstaatlichen" Rechtsbehelfe ausgeschöpft haben muss.

Art. 34 EMRK
Der Gerichtshof kann von jeder natürlichen Person, nichtstaatlichen Organisationen oder Personengruppen, die behaupten, durch eine der Hohen Vertragsparteien in einem der in dieser Konvention oder den Protokollen dazu anerkannten Rechte verletzt zu sein, mit einer Beschwerde befasst werden. ...

1. Zulässigkeitsvoraussetzungen

Diese Zulässigkeitsvoraussetzung gewährleistet, dass der durch die EMRK geschaffene Kontrollmechanismus subsidiären Charakter zum Schutz der Menschenrechte hat. Wenngleich damit der EGMR auch nicht unmittelbar um eine Entscheidung über eine Rechtssache ersucht werden kann, die Unionsrecht zum Gegenstand hat, ist ihm gleichwohl eine Entscheidung in einer solchen Streitigkeit subsidiär möglich. Dagegen spricht jedoch, dass ausschließlich der Gerichtshof der Europäischen Union für die Auslegung des Unionsrechts zuständig ist. Würde dem EGMR gestattet, zu überprüfen, ob der Gerichtshof der Europäischen Union bereits über die Rechtsfrage entschieden hat, die Gegenstand des Verfahrens vor dem EGMR ist, liefe dies darauf hinaus, ihm die Zuständigkeit für die Auslegung der Rspr. des Gerichtshofs der Europäischen Union zu übertragen. Damit wäre der Gerichtshof der Europäischen Union nicht mehr ausschließlich zuständig für die Auslegung des Unionsrechts, sodass auch seine Kompetenzen durch einen Beitritt der EU verletzt wären.

2. Eingriff

Ein unzulässiger Eingriff in die Kompetenzen des Gerichtshofs der Europäischen Union könnte ferner dadurch gegeben sein, dass bestimmte EU-Rechtsakte ausschließlich vom EGMR und damit von einem unionsexternen Organ überprüft werden könnten. Dies folgt aus dem Umstand, dass die Verträge der EU keinen lückenlosen Rechtsschutz vorsehen, sondern vielmehr bestimmte Rechtsakte der EU-Organe, insbesondere im Bereich der gemeinsamen Außen- und Sicherheitspolitik, der Kontrolle durch den Gerichtshof der Europäischen Union entzogen sind. Im Falle eines Beitritts der EU zur EMRK wäre der EGMR jedoch ermächtigt, auch über die Vereinbarkeit solcher Handlungen mit der EMRK zu entscheiden. Damit würde der EGMR eine Kontrolle ausüben, die im Umfang sogar über diejenigen Möglichkeiten des Gerichtshofs der Europäischen Union hinausgehen. Auch insoweit liegt folglich ein Verstoß gegen die unionsrechtlichen Kompetenzverteilungen vor.

IV. Beitrittsentwurf als unzulässige Änderung

Der Beitrittsentwurf könnte darüber hinaus zu einer nach Art. 6 Abs. 2 S. 2 EUV **unzulässigen Änderung** der in den EU-Verträgen festgelegten **Zuständigkeiten der EU** führen. Im Vertragsentwurf ist vorgesehen, dass Art. 36 Abs. 2 EMRK, der die Beteiligung Dritter an den Verfahren vor dem EGMR regelt, insoweit erweitert wird, dass die Union oder ein Mitgliedstaat in einem Verfahren vor dem EGMR unter bestimmten Umständen Mitbeschwerdegegner sein kann.

Im Entwurf des Beitrittsvertrages ist vorgesehen, dass die EU oder die Mitgliedstaaten, wenn sie die Zulassung als Mitbeschwerdegegner in einer Rechtssache vor dem EGMR beantragen, nachweisen müssen, dass die Voraussetzungen für ihre Beteiligung am Verfahren erfüllt sind. Der EGMR muss dann über diesen Antrag anhand der Plausibilität der vorgebrachten

Art. 36 EMRK
(2) Im Interesse der Rechtspflege kann der Präsident des Gerichtshofs jeder Hohen Vertragspartei, die in dem Verfahren nicht Partei ist, oder jeder betroffenen Person, die nicht Beschwerdeführer ist, Gelegenheit geben, schriftlich Stellung zu nehmen oder an den mündlichen Verhandlungen teilzunehmen.

Argumente entscheiden. Hierbei würde der EGMR die Regeln des Unionsrechts für die Verteilung der Zuständigkeiten zwischen ihr und ihren Mitgliedstaaten sowie die Kriterien für die Zurechnung ihrer Handlungen oder Unterlassungen beurteilen und insoweit eine endgültige Entscheidung treffen, die sowohl die Mitgliedstaaten als auch die EU binden würde. Auch eine solche Prüfung wäre geeignet, in die Verteilung der Zuständigkeiten zwischen der EU und ihren Mitgliedstaaten einzugreifen.

Ergebnis: Der Beitrittsentwurf ist mit dem Unionsrecht unvereinbar.

5. Teil: Beihilferecht

1. Abschnitt: Beihilfevoraussetzungen

Fall 18: Voraussetzungen für zulässige nationale Beihilfe

Aufgrund von Täuschungen über Verbrauchswerte verliert der Automobilhersteller B stark an Ansehen und ist deshalb nicht mehr in der Lage, seine Neuwagen in gewohntem Umfang zu veräußern. Als das Unternehmen in finanzielle Schieflage gerät, kündigt es an, mehrere Werke in Deutschland schließen zu wollen. Man werde sich von mehreren tausend Mitarbeitern trennen müssen, sei aber dadurch in der Lage, die Insolvenz des Unternehmens abzuwenden. Um gleichwohl einen Verlust der Arbeitsplätze zu vermeiden, wendet sich der neue Vorstandsvorsitzende der B an das Bundesarbeitsministerium.

In langen Gesprächen kann er den Bundesarbeitsminister davon überzeugen, dass die Täuschungen durch den Personalwechsel an der Unternehmensspitze der Vergangenheit angehören sollen und man beabsichtige, das Unternehmen wieder in ruhigere Fahrwasser zu führen. Um die bedrohten Arbeitsplätze zu erhalten, bewilligt der Bundesarbeitsminister in Absprache mit dem Finanzministerium einen einmaligen Zuschuss in Höhe von 100 Millionen Euro und ein zinsloses Darlehen in gleicher Höhe.

Die Finanzspritze lässt sich nicht geheim halten: In der überregionalen Presse erscheinen in den nachfolgenden Tagen mehrere Berichte über die Förderung. Auf diese Weise erfährt auch die Kommission von der Förderung. Sie leitet daraufhin ein Prüfverfahren ein und nimmt Einblick in die zugehörigen Akten des Bundesarbeits- und Bundesfinanzministeriums.

Bearbeitungsvermerk: Begutachten Sie die Vereinbarkeit der Förderung mit Unionsrecht unter allen rechtlich in Betracht kommenden Gesichtspunkten!

Der Zuschuss und das Darlehen des Bundesarbeitsministeriums könnten in formeller wie in materieller Hinsicht gegen Unionsrecht verstoßen.

Obwohl es sich bei dem Zuschuss und dem zinslosen Darlehen um zwei Förderungsmaßnahmen handelt, bietet es sich aufgrund der einheitlichen Voraussetzungen der Zulässigkeit von Beihilfen an, diese – auch zur Vermeidung von Wiederholungen – zusammen zu prüfen.

I. Formelle Rechtmäßigkeit

Die beiden Förderungsmaßnahmen des Bundesarbeitsministeriums sind bereits **formell rechtswidrig**, wenn sie unter Verstoß gegen die Vorschriften über das **Notifizierungsverfahren** ergangen sind. Nach Art. 108 Abs. 3 S. 1 AEUV sind die Mitgliedstaaten verpflichtet, die Kommission vor jeder beabsichtigten Einführung oder Umgestaltung einer Beihilfe so rechtzeitig zu unterrichten, dass diese sich äußern und die Vereinbarkeit der Beihilfe mit dem europäischen Wettbewerbsrecht und dem Binnenmarkt überprüfen kann.

Diese formelle Meldeverpflichtung ist allerdings nur dann ausgelöst, wenn es sich bei dem Zuschuss und das Darlehen tatsächlich um eine **Beihilfe** handelt. Beihilfen in diesem Sinne sind alle staatlichen Maßnahmen gleich welcher Art, die unmittelbar oder mittelbar Unternehmen begünstigen oder die als ein wirtschaftlicher Vorteil anzusehen sind, den das begünstigte Unternehmen unter normalen Marktbedingungen nicht erhalten hätte.[65]

1. Begünstigung

Von **Begünstigungen bzw. wirtschaftlichen Vorteilen** kann ausgegangen werden, wenn die staatliche Leistung freiwillig erfolgt, sie eine begünstigende Wirkung auf die Empfänger hat und es keine äquivalente Gegenleistung gibt. Dabei ist ein hypothetischer privater Investor als Vergleichsmaßstab heranzuziehen, der sich von längerfristigen Rentabilitätsüberlegungen leiten lässt.[66]

Hinter dem Begriff des Zuschusses verbirgt sich die Auszahlung eines Geldbetrages, der nicht zurückgefordert wird (deshalb auch verlorener Zuschuss genannt). Hierbei handelt es sich deshalb um eine finanzielle Besserstellung der B, den diese unter normalen Wettbewerbsbedingungen nicht erhalten hätte, und die das Bundesarbeitsministerium freiwillig nach Gesprächen mit der Unternehmensführung gewährte. Eine Gegenleistung für diesen Zuschuss wurde nicht vereinbart. Auch das zinslose Darlehen enthält eine derartige Vergünstigung. Zwar ist die Darlehenssumme von der B zurückzuzahlen. Allerdings werden dabei keine Zinsen fällig, was eine deutliche Besserstellung gegenüber den normalen Darlehensbedingungen der Kreditinstitute darstellt. Damit enthalten beide Maßnahmen finanzielle Vorteile.

2. Staatliche Maßnahmen

Eine Förderung aus privaten Mitteln genügt hingegen nicht. Nach der Rspr. des Gerichtshofs fallen nur solche Förderungen in den Anwendungsbereich des Art. 107 Abs. 1 AEUV, die zu einer tatsächlichen aktuellen oder potenziellen Mittelbelastung öffentlicher Haushalte führen.[67]

Beide Vorteile speisen sich unmittelbar aus dem Staatshaushalt, sodass es sich bei der Gewährung auch um staatliche Maßnahmen handelt.

3. Spezifische Förderung

Letztlich muss die Förderung einem **spezifischen Unternehmen oder Produktionszweig zugutekommen**. Unternehmen ist dabei jede wirtschaftlich tätig werdende Einheit, unabhängig von ihrer Rechtsform oder ihrer Finanzierungsart, ohne dass diese bloß Verbraucher oder Arbeitnehmer ist. Durch den Begriff der Bestimmtheit bzw. Selektivität soll sichergestellt werden, dass nur solche Förderungen dem Verbot des Art. 107 Abs. 1 AEUV unterfallen, die nicht unterschiedslos der gesamten Wirtschaft zugutekommen. Dabei kommt es darauf an, ob eine nationale Maßnahme im Rahmen einer bestimmten rechtlichen Regelung geeignet ist, bestimmte Unternehmen oder Produktionszweige gegenüber anderen Unternehmen oder Produktionszweigen zu begünstigen, die sich im Hinblick auf das mit der betreffenden Regelung verfolgte Ziel in einer vergleichbaren tatsächlichen und rechtlichen Situation befinden.[68]

Bei der B handelt es sich um ein Unternehmen im vorgenannten Sinne. Es ist Teil der Automobilbranche, in der eine Vielzahl von Konkurrenten existiert, denen eine vergleichbare Förderung nicht zuteil wird. Diese Unternehmen befinden sich aufgrund der dauerhaften Neuentwicklungen auf

65 EuGH NJW 2003, 2515, 2518 *Altmark-Trans.*
66 EuGH JuS 2000, 487, 488.
67 EuGH Slg. 2001, I-2099 *PreussenElektra.*
68 Koenig/Paul in: Streinz, Art. 107 Rn. 74 m.w.N.

diesem Gebiet immer wieder in einer erheblichen Wettbewerbssituation zu ihren Mitbewerbern und damit in der Gefahr, einer wirtschaftlichen Fehlentwicklung zu unterliegen, welche die Unternehmensexistenz bedrohen kann. Damit sind der Zuschuss und das Darlehen zumindest geeignet, die B zu bevorzugen und damit gegenüber Unternehmen in einer vergleichbaren Situation zu bevorteilen.

Folglich handelt es sich bei den Maßnahmen um Beihilfen i.S.d. Art. 107, 108 AEUV. Die Bundesministerien hätten demnach ein Notifizierungsverfahren einleiten müssen, was jedoch nicht erfolgt ist. Die Beihilfen sind deshalb formell rechtswidrig.

Die formelle Rechtswidrigkeit bewirkt die Nichtigkeit des Darlehensvertrages über § 134 BGB. Allerdings genügt die Feststellung der formellen Rechtswidrigkeit nicht für eine Rückforderungsentscheidung der Kommission; eine solche ist nur bei materieller Rechtmäßigkeit möglich. Allerdings kann die Kommission die Aussetzung der Beihilfen oder ihre einstweilige Rückforderung verbindlich verlangen.

II. Materielle Rechtmäßigkeit

Auch in **materieller Hinsicht** könnten die Beihilfen mit Unionsrecht unvereinbar sein. Hier könnte ein Verstoß gegen **Art. 107 Abs. 1 AEUV** vorliegen. Dies ist der Fall, wenn es sich bei dem Zuschuss und dem zinslosen Darlehen um Beihilfen im dortigen Sinne handelt und keine Ausnahme die Gewährung der Beihilfe gestattet.

1. Grundsatz

Der Zuschuss und das zinslose Darlehen sind grundsätzlich verboten, wenn es sich dabei um Beihilfen handelt, die den Wettbewerb zwischen den Mitgliedstaaten verfälschen oder zu verfälschen drohen und der Handel zwischen den Mitgliedstaaten dadurch beeinträchtigt wird.

a) Beihilfe

Wie bereits im Rahmen der Prüfung der formellen Unionsrechtmäßigkeit ausgeführt, handelt es sich bei dem Zuschuss und dem zinslosen Darlehen um Beihilfen.

b) Verfälschung des Wettbewerbs

Da Du die Unionsrechtswidrigkeit unter allen rechtlichen Gesichtspunkten begutachten solltst, musst Du trotz bejahter formeller Unionsrechtswidrigkeit noch weiter prüfen!

Diese müssten **den Wettbewerb verfälschen oder zu verfälschen drohen**. Eine solche Wettbewerbsverfälschung ist jedenfalls nicht anzunehmen, wenn es sich um eine geringfügige Besserstellung der Unternehmen handelt. Die hierfür einschlägige Grenze von 200.000 € über einen Zeitraum von drei Jahren aus Art. 3 Abs. 2 VO (EU) Nr. 1407/2013 (sog. **De-minimis-Beihilfen**) ist im vorliegenden Fall jedoch bei Weitem überschritten, sodass diese Ausnahme nicht greift. Im Übrigen liegt eine Wettbewerbsverfälschung vor, wenn die staatliche Maßnahme in ein bestehendes oder möglicherweise zur Entstehung kommendes Wettbewerbsverhältnis zwischen Unternehmen oder Produktionszweigen eingreift und damit den Ablauf des Wettbewerbs auf dem relevanten Markt verändert oder die Chancengleichheit zwischen miteinander im Wettbewerb stehenden Unternehmen manipuliert. Dabei ist der Begriff der Wettbewerbsverfälschung weit zu verstehen.

Der Zuschuss sowie das zinslose Darlehen dienen dazu, die B nach wirtschaftlichen Verlusten mit frischem Kapital auszustatten, um sie wieder wettbewerbsfähig zu machen und neue Entwicklungen anzustoßen. Allerdings ist zu berücksichtigen, dass hierdurch eine Entwicklung neuer Produkte in erheblichem Umfang möglich wird, da anderen Unternehmen, die auf demselben Sektor tätig sind, Kapital in derartigem Umfang nicht zur

Verfügung stehen dürfte. Somit drohen die gewährten Vorteile zumindest, den Wettbewerb zu verfälschen. Auch diese Voraussetzung des Art. 107 Abs. 1 AEUV ist damit erfüllt.

c) Beeinträchtigung des Handels zwischen den Mitgliedstaaten

Letztlich müsste durch die Beihilfen auch der Handel zwischen den Mitgliedstaaten beeinträchtigt sein. Eine solche Handelsbeschränkung ist gegeben, wenn durch den fiskalischen Vorteil zugunsten des Unternehmens zukünftige Auswirkungen auf den zwischenstaatlichen Handel möglich erscheinen. Eine diesbezügliche Vermutung ist bereits durch die Stärkung der Finanzkraft des beihilfebegünstigten Unternehmens begründet.[69] Die Automobilindustrie ist aufgrund einer Vielzahl von Im- und Exporten international besonders vernetzt. Mit einer einseitigen Förderung eines nationalen Unternehmens wird eben dieses Unternehmen in die Lage versetzt, sich einen Wettbewerbsvorsprung zu verschaffen. Damit wird der zwischen den Mitgliedstaaten stattfindende Handel zumindest potenziell beeinträchtigt.

Die Voraussetzungen des Art. 107 Abs. 1 AEUV sind damit erfüllt. Es liegt damit grundsätzlich eine unzulässige Beihilfe vor.

2. Ausnahme

Allerdings könnten Ausnahmen eingreifen, die die Beihilfe im Einzelfall zulässig machen.

a) Agrar- und Verkehrspolitik

Die generellen Ausnahmen für den Bereich der Agrarpolitik (Art. 42 Abs. 2 AEUV) und der Verkehrspolitik (Art. 93, 96 AEUV) greifen nicht ein.

Während die Ausnahmen nach Art. 107 Abs. 2 AEUV den Unionsrechtsverstoß unmittelbar beseitigen, bedürfen die Ausnahmen nach Art. 107 Abs. 3 AEUV einer Konkretisierung durch einen Rechtsakt der EU. Diese Freistellung erfolgt bei lit. a–d durch die Kommission, im Falle des lit. e durch den Rat.

b) Ausnahme nach Art. 107 Abs. 2 AEUV

Auch eine Ausnahme nach Art. 107 Abs. 2 AEUV ist nicht einschlägig.

c) Freistellungsmöglichkeit nach Art. 107 Abs. 3 AEUV

Allerdings könnte eine Freistellungsmöglichkeit nach Art. 107 Abs. 3 AEUV bestehen.

aa) Zur Behebung einer beträchtlichen Störung

Die Beihilfe zugunsten der B könnte als mit dem Binnenmarkt vereinbar angesehen werden, wenn sie der **Behebung einer beträchtlichen Störung im Wirtschaftsleben eines Mitgliedstaates** dient, **Art. 107 Abs. 3 lit. b Alt. 2 AEUV**. Diese Ausnahme erfasst allerdings nur erhebliche allgemeine wirtschaftliche Störungen, welche die gesamte Wirtschaft oder jedenfalls mehrere Regionen oder Wirtschaftszweige eines Mitgliedstaates betreffen.[70] Zwar sind von der Krise der B eine Vielzahl von Arbeitsplätzen betroffen, aber es handelt sich dabei lediglich um die Krise eines einzelnen Unternehmens, nicht um ein systemisches Problem. Deshalb greift Art. 107 Abs. 3 lit. b Alt. 2 AEUV nicht ein.

---

69 EuGH Slg. 2004, I-3679 *Italien/Kommission*; Koenig/Paul in: Streinz, Art. 107 Rn. 97.

70 Cremer in: Callies/Ruffert, Art. 107 Rn. 61.

bb) Rettungsbeihilfe

Bei dem Zuschuss und dem Darlehen könnte es sich jedoch um eine **Rettungsbeihilfe für ein Unternehmen in Schwierigkeiten i.S.d. Art. 107 Abs. 3 lit. c AEUV** handeln. Von einem solchen Unternehmen spricht man, wenn es nicht in der Lage ist, mit eigenen finanziellen Mitteln oder Fremdmitteln, die ihm von seinen Eigentümern/Anteilseignern zur Verfügung gestellt werden, Verluste aufzufangen und das Unternehmen kurz- oder mittelfristig so gut wie sicher wirtschaftlich untergehen wird. Dies ist hier aber nicht der Fall, da die B durch den Abbau von Arbeitsplätzen saniert und auf diese Weise eine Insolvenz abgewendet werden kann. Folglich greift auch keine Ausnahme aus Art. 107 Abs. 3 AEUV ein.

Ergebnis: Die Beihilfen sind sowohl formell als auch materiell unionsrechtswidrig.

2. Abschnitt: Konkurrenzschutz

Fall 19: Rückforderungsanspruch des Konkurrenten

Die Verarbeitung und Beseitigung sog. tierischer Nebenprodukte ist in der VO (EG) Nr. 1774/2002 geregelt. Tierische Nebenprodukte sind Tierkörper, Tierkörperteile oder Erzeugnisse tierischen Ursprungs, die nicht für den menschlichen Verzehr bestimmt sind. Die Nebenprodukte werden in der VO je nach Grad ihrer potenziellen Gefährlichkeit in drei Kategorien eingeteilt. Die Beseitigung der Nebenprodukte der Kategorien 1 und 2 obliegt aufgrund des hohen Gefahrenpotenzials nach nationalen Vorschriften ausschließlich staatlichen Stellen, während Nebenprodukte der Kategorie 3 auch von privaten Betrieben verarbeitet und beseitigt werden dürfen.

Z ist ein nach dem Landesrecht des Landes L gegründeter kommunaler Zweckverband, der als Körperschaft des öffentlichen Rechts die hoheitlichen Aufgaben der Tierkörperbeseitigung wahrnimmt. Seine Mitglieder sind die Landkreise und kreisfreien Städte des Landes L. Für die Beseitigung der tierischen Nebenprodukte der Kategorien 1 und 2 erhebt Z Gebühren auf der Grundlage einer Satzung. Für die Verwertung tierischer Nebenprodukte der Kategorie 3 berechnet er privatrechtliche Entgelte (sog. Knochengeld). Soweit die Einnahmen nicht zur Deckung der Ausgaben des Verbandes ausreichen, erhebt Z von seinen Mitgliedern nach § 9 der Verbandssatzung eine Verbandsumlage. Diese betrug in den Wirtschaftsjahren 2020-2023 jährlich jeweils ca. 2,25 Mio. € und wurde aufgrund bestandskräftiger Umlagebescheide erhoben.

K ist ein privater Verwertungsbetrieb für Tiernebenprodukte. Er ist der Auffassung, dass die Verbandsumlage eine Beihilfe im unionsrechtlichen Sinne sei, die mangels Beachtung des in Art. 108 Abs. 3 AEUV vorgesehenen Notifizierungsverfahrens rechtswidrig sei. Durch die Umlage erfolge eine unzulässige Quersubventionierung, die für ihn bei der Beseitigung der Nebenprodukte der Kategorie 3 eine wirtschaftliche Benachteiligung bewirke. Nach Einsicht in die Verwaltungsvorgänge wendet K sich deshalb an Z und verlangt, dass dieser die in den Jahren 2020-2023 von seinen Mitgliedern eingenommenen Umlagen an diese zurückzahle. Als K ein Jahr später von einer neuen geplanten Umlage erfährt, erwägt er eine Klage vor dem zuständigen Verwaltungsgericht. Steht ihm der geltend gemachte Anspruch zu?

Bearbeitungshinweis: Die Vorschriften der VO (EU) 2015/1589 (Beihilfeverfahrensverordnung) sind außer Betracht zu lassen.

Durch diesen Fall lassen sich unionsrechtliche Beihilfefragen mit dem nationalen Recht außerhalb der §§ 48 ff. VwVfG verknüpfen!

K könnte gegen Z ein Anspruch auf Rückzahlung der jährlichen Verbandsumlagen in den Jahren 2020-2023 an die Verbandsmitglieder zustehen.

I. Anspruchsgrundlage

Aufgrund des geltend gemachten Verstoßes gegen das Notifizierungsverfahren könnte sich ein solcher Anspruch unmittelbar aus **Art. 108 Abs. 3 S. 3 AEUV** ergeben. Dann müsste diese Vorschrift als **Anspruchsgrundlage** in Betracht kommen.

Art. 108 Abs. 3 S. 3 AEUV entfaltet zwar unmittelbare Geltung und kann auch durch nationale Vorschriften nicht außer Kraft gesetzt werden. Allerdings existieren im Recht der Union keine speziellen Vorschriften zur Umsetzung des Maßnahmeverbotes, sodass die rechtstechnische Umsetzung der Norm nach **nationalem Recht** zu erfolgen hat. Das Rückzahlungsbegehren kann folglich nur unter Beachtung der Verfahrensvoraussetzungen verfolgt werden, die das jeweilige nationale Recht vorsieht. Diese Verfahrensvorschriften dürfen für die Durchsetzung der durch die Unionsrechtsordnung verliehenen Rechte nicht ungünstiger sein als für diejenigen innerstaatlichen Ursprungs (Äquivalenzgrundsatz), und sie dürfen ihre Ausübung nicht praktisch unmöglich machen oder übermäßig erschweren (Effektivitätsgrundsatz).[71] Art. 108 AEUV enthält dementsprechend nur Vorschriften für das Prüfungsverfahren der Kommission, nicht aber für die Umsetzung ihrer Entscheidung. Folglich kommt Art. 108 Abs. 3 S. 2 AEUV nicht als Anspruchsgrundlage in Betracht.

II. Erstattungsanspruch

Ein Erstattungsanspruch nach **§ 49a Abs. 1 S. 1 VwVfG** scheidet ebenfalls aus. Dieser setzt die Aufhebung oder die Unwirksamkeit eines Bewilligungsbescheides voraus. Hier hat jedoch kein Hoheitsträger einen entsprechenden Bescheid erlassen, sondern die vermeintliche Förderung ist infolge einer Verbandsumlage erfolgt.

III. Rückzahlungsanspruch

Ein Rückzahlungsanspruch könnte sich vielmehr aus dem **öffentlich-rechtlichen Folgenbeseitigungsanspruch** ergeben.

1. Herleitung

Dieser Anspruch wird aus einer Analogie zu § 1004 BGB, dem Rechtsstaatsprinzip, dem Grundsatz der Gesetzmäßigkeit der Verwaltung aus Art. 20 Abs. 3 GG, den Freiheitsgrundrechten oder aber auch der Rechtsschutzgarantie aus Art. 19 Abs. 4 GG abgeleitet. Jedenfalls sind die Existenz des Anspruchs und seine Voraussetzungen gewohnheitsrechtlich anerkannt, sodass es keiner Festlegung auf einen der Begründungsansätze bedarf.

Die dogmatische Herleitung des Anspruchs ist erforderlich, da es sich um einen ungeschriebenen Anspruch handelt! Handelt es sich – wie hier – um einen allgemein anerkannten Anspruch, genügt es, wenn Du die unterschiedlichen Ansätze für die Herleitung kurz benennst. Einer Streitentscheidung bedarf es jedenfalls nicht.

2. Voraussetzungen

Der Anspruch setzt voraus, dass durch einen hoheitlichen Eingriff in ein subjektives Recht ein rechtswidriger Zustand geschaffen wurde, der noch andauert.

a) Subjektives Recht

Aus Art. 108 Abs. 3 S. 3 AEUV müsste sich für K ein subjektives Recht ergeben. Subjektive Rechte können sich nicht nur aus drittschützenden einfachgesetzlichen Vorschriften und Grundrechten, sondern auch aus dem Unionsrecht ergeben. Insofern können Vorschriften aus dem AEUV zur Begründung subjektiver Rechte herangezogen werden.

aa) Nach Art. 108 Abs. 3 S. 3 AEUV ist die Kommission von jeder beabsichtigten Einführung oder Umgestaltung von Beihilfen zu unterrichten, damit sie deren Vereinbarkeit mit dem Binnenmarkt überprüfen kann. Solange

71 BVerwG RÜ 2011, 656, 658.

keine abschließende Entscheidung der Kommission vorliegt, darf die Beihilfe nicht ausgezahlt werden (sog. **Durchführungsverbot**). Bei der Verletzung dieses Verbotes müssen die nationalen Gerichte zugunsten jener Einzelnen, die sich auf die Verletzung berufen können, sämtliche Folgerungen bezüglich der Gültigkeit der gewährenden Rechtsakte als auch bezüglich der Beitreibung der unter Verletzung dieser Bestimmung gewährten finanziellen Unterstützungen oder eventueller vorläufiger Maßnahmen ziehen. Zu diesen Folgerungen gehört, dass eine entgegen dem Durchführungsverbot ausgezahlte Beihilfe zurückgezahlt werden muss, und zwar ungeachtet ihrer Vereinbarkeit mit dem Binnenmarkt und unbeschadet des Rechts des Mitgliedstaates, die Beihilfe später erneut zu gewähren.

bb) Hierbei handelt es sich aber nicht nur um eine Verpflichtung der staatlichen Organe, die potenzielle Beeinträchtigung des Binnenmarktes der Union rückgängig zu machen, sondern auch um ein **Recht der übrigen Marktteilnehmer**, die mit einem Beihilfeempfänger potenziell im Wettbewerb stehen. Denn eben diese müssen wirtschaftliche Nachteile im Wettbewerb für ihre Unternehmen fürchten, sodass sie zumindest mittelbar beeinträchtigt werden. Aus dieser Überlegung folgt ein Anspruch der Mitbewerber und damit ein ihnen zustehendes subjektives Recht. K gehört zu den Mitbewerbern des Z und darf sich folglich auf seinen Anspruch auf Rückgängigmachung berufen. Dies gilt auch für den hier vorliegenden Fall einer vom Subventionsempfänger durch die Umlagebescheide „erzwungenen" Beihilfe.[72]

b) Hoheitlicher Eingriff

Ein hoheitlicher Eingriff in dieses subjektive Recht liegt vor, wenn es sich bei der Verbandsumlage in den Jahren 2020–2023 um eine **Beihilfe i.S.d. Art. 107, 108 AEUV** gehandelt hat. Beihilfen in diesem Sinne sind alle staatlichen Maßnahmen gleich welcher Art, die unmittelbar oder mittelbar Unternehmen begünstigen oder die als ein wirtschaftlicher Vorteil anzusehen sind, den das begünstigte Unternehmen unter normalen Marktbedingungen nicht erhalten hätte.[73]

aa) Staatliche Maßnahme

Bei der von den Kreisen und kreisfreien Städten gezahlten Umlage handelt es sich um eine Zuwendung aus staatlichen Mitteln und damit um eine staatliche Maßnahme.

bb) Unternehmen

Auch ein kommunaler Zweckverband kann ein Unternehmen i.S.d. Beihilferechts sein, wenn er außer zur Erfüllung öffentlicher Aufgaben auch als Wirtschaftsunternehmen am Markt teilnimmt. Dies ist hier der Fall, da Z nicht nur die hoheitliche Beseitigung der tierischen Nebenprodukte der Kategorien 1 und 2 wahrnimmt, sondern auch die Beseitigung der Produkte der Kategorie 3, die auch von privaten Wettbewerbern durchgeführt wird.

72 BVerwG RÜ 2011, 656, 657 f.

73 EuGH NJW 2003, 2515, 2518 *Altmark-Trans.*

cc) Wirtschaftlicher Vorteil

Die Umlage müsste für Z ferner einen wirtschaftlichen Vorteil darstellen. Daran fehlt es, soweit die Leistung als **Gegenleistung für die Erfüllung gemeinwirtschaftlicher Verpflichtungen** durch das Unternehmen anzusehen ist.

(1) Gemeinwirtschaftliche Verpflichtung

Der Begriff der **gemeinwirtschaftlichen Verpflichtungen** entspricht dem des allgemeinen wirtschaftlichen Interesses aus Art. 106 Abs. 2 AEUV.[74] Hierunter fallen jedenfalls alle wirtschaftlichen Aktivitäten zur Sicherung von Infrastruktur und Daseinsvorsorge, die sich aus nationalen oder unionsrechtlichen Vorschriften ergeben. Hierunter fällt die Entsorgung tierischer Nebenprodukte der Kategorien 1 und 2, die nach der Verordnung sowie den dazu ergangenen nationalen Vorschriften zwingend durch staatliche Stellen vorgenommen werden müssen.

(2) Zusätzliche erwerbswirtschaftliche Betätigung

Allerdings ist zu berücksichtigen, dass Z nicht nur die Entsorgung der Nebenprodukte der Kategorien 1 und 2 und damit ausschließlich gemeinwirtschaftliche Verpflichtungen erfüllt, sondern zusätzlich erwerbswirtschaftlich im Rahmen der Entsorgung von Nebenprodukten der Kategorie 3 tätig wird. Werden sowohl gemeinwirtschaftliche als auch privatwirtschaftliche Aufgaben wahrgenommen, müssen die Parameter, anhand derer der Ausgleich für die Wahrnehmung gemeinwirtschaftlicher Aufgaben berechnet wird, **objektiv und transparent** festgelegt werden. Nur so kann verhindert werden, dass der Ausgleich einen wirtschaftlichen Vorteil mit sich bringt, der das Unternehmen, dem er gewährt wird, gegenüber konkurrierenden Unternehmen begünstigt. Denn der Ausgleich darf nicht über das hinausgehen, was erforderlich ist, um die Erfüllung der gemeinwirtschaftlichen Verpflichtungen unter Berücksichtigung der dabei erzielten Einnahmen und eines angemessenen Gewinns aus der Erfüllung dieser Verpflichtungen ganz oder teilweise zu sichern. Nur bei Einhaltung dieser Voraussetzung ist gewährleistet, dass dem betreffenden Unternehmen kein Vorteil gewährt wird, der dadurch, dass er die Wettbewerbsstellung dieses Unternehmens stärkt, den Wettbewerb verfälscht oder zu verfälschen droht.

Bei der Erhebung der Umlagen in den Jahren 2020-2023 wurde jedoch zur Berechnung der erforderlichen Umlage nicht zwischen den einzelnen Geschäftsbereichen der Z unterschieden. Damit war nicht gewährleistet, dass die Umlage ausschließlich Fehlbeträge abdeckte, die durch die Erfüllung gemeinwirtschaftlicher Aufgaben entstanden waren. Die Verbandsumlage stellte daher in den Jahren 2020-2023 eine Beihilfe dar, die ohne vorherige Notifizierung bei der EU-Kommission nach Art. 108 Abs. 3 S. 3 AEUV nicht hätte erhoben werden dürfen. Damit liegt ein hoheitlicher Eingriff in ein subjektives Recht des K vor.

Die Überprüfung erfolgt anhand der sog. Altmark-Trans-Kriterien:
- Erfüllung einer gemeinwirtschaftlichen Verpflichtung
- Parameter für Ausgleich müssen objektiv und transparent festgelegt sein
- Ausgleich nur zur Deckung des Defizits bzgl. der gemeinwirtschaftlichen Verpflichtung
- Ordnungsgemäße Analyse der Kosten

74 EuG Slg. 2008, II-81Rn. 162 *BUPA*; Cremer in: Calliess/Ruffert, Art. 107 AEUV Rn. 28.

c) Rechtswidrigkeit

Rechtswidrig ist der dadurch geschaffene **Zustand** aber nur, wenn **keine Duldungspflicht** besteht. Eine solche Duldungspflicht kann sich insbesondere aus einem den Zustand rechtfertigenden Verwaltungsakt ergeben.

aa) Ausschluss

Ausgehend davon könnte es einem Rückzahlungsanspruch entgegenstehen, dass K es versäumt hat, die Bescheide anzugreifen, mit denen die Umlage erhoben worden ist. Es gehört zu den Anforderungen, die das deutsche Recht an das Entstehen von Ansprüchen auf Rückgewähr einer auf Grundlage eines Verwaltungsakts gewährten Leistung stellt, dass der Verwaltungsakt – sofern er nicht nichtig ist – beseitigt wird. Dies folgt daraus, dass die Umlagebescheide für die Dauer ihrer Wirksamkeit einen selbstständigen **Rechtsgrund** für die Leistung und damit das Recht darstellen, sie behalten zu dürfen. Aufgrund der unterbliebenen Rechtsbehelfe gegen die Umlagebescheide sind diese inzwischen **bestandskräftig** geworden und stehen der Rückabwicklung damit grundsätzlich entgegen.

bb) Nichtigkeit

Etwas anderes gilt nur für den Fall, dass die Umlagebescheide nichtig und damit gemäß **§ 43 Abs. 3 VwVfG unwirksam** sind. Da keine speziellen Nichtigkeitsgründe eingreifen, kann sich die Nichtigkeit ausschließlich aus § 44 Abs. 1 VwVfG ergeben. Hiernach ist ein Verwaltungsakt nichtig, soweit er an einem besonders schwerwiegenden Fehler leidet und dies bei verständiger Würdigung aller in Betracht kommenden Umstände offensichtlich ist. Ein besonders schwerwiegender Fehler liegt wiederum vor, wenn er gegen tragende Verfassungsprinzipien verstößt oder den der Rechtsordnung immanenten Wertvorstellungen so sehr widerspricht, dass es unerträglich wäre, wenn der Verwaltungsakt die mit ihm bezweckten Rechtswirkungen hätte. Diese Kriterien sind indes durch den Verstoß gegen die unionsrechtlich vorgegebene Notifizierung und die Missachtung des Durchführungsverbotes aus Art. 108 Abs. 3 S. 3 AEUV nicht erfüllt. Es handelt sich zwar um einen Rechtsverstoß mit nachteiligen Auswirkungen auf den Wettbewerb und damit auf den freien Markt, unerträglich ist diese Folge vor dem Hintergrund der ansonsten möglichen Rückforderung indes nicht. Damit sind die Umlagebescheide nicht nach § 44 Abs. 1 VwVfG nichtig. Folglich entsteht aus den Umlagebescheiden grundsätzlich eine Duldungsverpflichtung des K, sodass der herbeigeführte Zustand hiernach nicht rechtswidrig wäre.

cc) Unzumutbare Erschwerung

Fraglich ist aber, ob die nach deutschen Vorschriften entstandene Bestandskraft dem Rückzahlungsbegehren entgegengehalten werden darf. Denn durch nationale Vorgaben darf die **Durchsetzung des Unionsrechts nicht unzumutbar erschwert** werden. Für eine unzumutbare Erschwerung könnte sprechen, dass die Umlagebescheide dem K **nicht bekannt gegeben** worden waren. Dieser Umstand führt jedoch dazu, dass die Frist für die Erhebung eines Widerspruchs oder einer Klage von einem Monat (§§ 70 Abs. 1, 74 Abs. 1 VwGO) auf ein Jahr verlängert wird (vgl. § 58 Abs. 2 VwGO) und erst in dem Moment zu laufen begann, in dem K von den entsprechenden Umlagebescheiden erfahren hat. Diese Kenntnis erlangte K durch Einsicht in die Verwaltungsvorgänge. Er hat diese Kenntnis jedoch nicht zur Klageerhebung gegen die Bescheide genutzt, sondern sich zunächst mit seinem Anspruch an Z gewandt. Inzwischen ist seit diesem Zeitpunkt über ein Jahr vergangen, sodass die Rechtsbehelfe gegen die Umlagebescheide inzwischen verfristet sind. K blieb damit ausreichend Zeit und Möglichkeit, sich gegen die Umlagebescheide zur Wehr zu setzen. Die Durchsetzung des Unionsrechts wurde für ihn deshalb nicht unzumutbar erschwert.

Da K die Umlagebescheide nicht angefochten hat, sind diese folglich bestandskräftig geworden und stehen damit einem Folgenbeseitigungsanspruch auf Rückzahlung entgegen.

Ergebnis: K steht gegen Z kein Anspruch auf Rückzahlung zu.

3. Abschnitt: Prüfungsverfahren durch die Kommission

Fall 20: Durchführungsverbot

K betreibt in der Stadt S im Land L seit längerem eine Kletterhalle zu gewerblichen Zwecken. In rund drei Kilometern Entfernung beabsichtigt B, ein zu dem Deutschen Alpenverein (DAV) gehörender Verein, im Rahmen eines bundesweiten Programms des DAV eine Kletterhalle für Zwecke des Amateursports zu errichten und zu eröffnen. Dazu schließt das Land L mit dem B einen Mietvertrag über ein dem Land gehörendes Grundstück für die Kletterhalle über eine Laufzeit von 30 Jahren ab. Unter Berufung auf das Sportförderungsgesetz des Landes L (SportFG) und Einhaltung der dortigen Förderungsvoraussetzungen wird ein Mietzins vereinbart, der deutlich unterhalb der ortsüblichen Vergleichsmiete liegt.

K sieht in der Mietpreisvergünstigung eine wettbewerbsverzerrende, europarechtlich unzulässige Beihilfe. Der DAV überlasse seine Kletterhallen in erheblichem Umfang auch Nichtvereinsmitgliedern gegen Zahlung eines Entgelts und sei deshalb als Mitbewerber anzusehen. Noch bevor die Kommission eine Entscheidung trifft, tritt der Mietvertrag in Kraft und B beginnt mit den Bauarbeiten auf dem Grundstück. Hierin sieht K einen weiteren Verstoß: Obwohl aus Art. 108 Abs. 3 S. 3 AEUV ein Durchführungsverbot während des Prüfungsverfahrens der Kommission folge, gewähre das Land dem B bereits jetzt die Vergünstigungen.

Verstößt die Gewährung des reduzierten Mietzinses während des Prüfungsverfahrens gegen Unionsrecht, wenn die Kommission den reduzierten Mietzins später mit Beschluss als unionsrechtskonform einordnet?

Bearbeitungshinweis: Die Vorschriften der VO (EU) 2015/1589 (Beihilfeverfahrens-VO), der VO (EU) 1407/2013 (De-minimis-VO) und der VO (EU) 651/2014 (Gruppenfreistellungs-VO) sind außer Betracht zu lassen.

Eine Verletzung von Unionsrecht durch die Vereinbarung eines vergünstigten Mietspiegels vor der Entscheidung der Kommission verletzt Unionsrecht, wenn sie mit **Art. 108 Abs. 3 S. 3 AEUV** unvereinbar ist.

1. Beihilfe

Dann müsste die Fördermaßnahme des Landes L im Rahmen des Vertrages eine **Beihilfe i.S.d. Art. 107 Abs. 1 AEUV** darstellen. Beihilfen i.S.d. Art. 107 Abs. 1 AEUV sind alle staatlichen oder aus staatlichen Mitteln gewährten Vergünstigungen gleich welcher Art, die unmittelbar oder mittelbar bestimmte Unternehmen begünstigen oder die als ein wirtschaftlicher Vorteil anzusehen sind, den das Unternehmen unter normalen Marktbedingungen nicht erhalten hätte.[75] Sie sind nach dem Wortlaut des Art. 107 Abs. 1 AEUV nur dann mit dem Binnenmarkt unvereinbar, wenn sie den Wettbe-

75 EuGH NJW 2003, 2515, 2518 *Altmark Trans*; BVerwG RÜ 2017, 243, 246.

werb verfälschen oder zu verfälschen drohen und insoweit den Handel zwischen den Mitgliedstaaten beeinträchtigen.

a) Unternehmen

Dabei ist der **Begriff des Unternehmens** i.S.d. Art. 107 Abs. 1 AEUV **weit zu verstehen**. Darunter fällt jede eine wirtschaftliche Tätigkeit ausübende Einheit, unabhängig von ihrer Rechtsform und der Art ihrer Finanzierung. Es ist deshalb ohne Bedeutung, dass es sich bei dem Bergsportverein um einen eingetragenen Verein und damit nicht um eine für wirtschaftliche Betätigungen typische Rechtsform handelt. Die zusätzlich erforderliche **wirtschaftliche Tätigkeit** des Unternehmens liegt bereits dann vor, wenn Güter oder Dienstleistungen auf einem bestimmten Markt angeboten werden. Daran würde es hier nur dann fehlen, wenn die Kletterhalle des B ausschließlich für Vereinsmitglieder und Mitgliedschaftsanwärter sowie für Zwecke des Schulsports und für staatliche Programme zugunsten sozial schwacher Personen genutzt würden. Eine wirtschaftliche Betätigung liegt hingegen bereits dann vor, wenn die Kletterhalle zumindest teilweise der allgemeinen Öffentlichkeit gegen ein Entgelt zur Verfügung gestellt werden. Denn dann verhält sich der DAV wie ein gewerblicher Kletterhallenbetreiber und ist als Dienstleistungserbringer auf dem Freizeitmarkt tätig.[76] So liegt es hier: Der DAV stellt die Kletterhalle des B gegen ein Entgelt auch Nichtmitgliedern zur Verfügung, sodass eine wirtschaftliche Tätigkeit gegeben ist.

b) Binnenmarktbezug

Allerdings müsste die Begünstigung des B auch einen **ausreichenden Binnenmarktbezug** aufweisen, um unionsrechtlich als Beihilfe angesehen zu werden. Grundsätzlich ist hierfür erforderlich, dass durch die jeweilige Vergünstigung der **Handel zwischen den Mitgliedstaaten beeinträchtigt werden kann**. Dies hat zur Folge, dass **rein innerstaatliche Sachverhalte** nicht in den Anwendungsbereich der Art. 107 ff. AEUV fallen, sodass Vergünstigungen an solche Unternehmen, die lediglich lokale Tätigkeiten entfalten, nicht erfasst werden. Hier gewährt das Land L dem örtlich organisierten Bergsportverein eine Vergünstigung in Form einer reduzierten Miete für ein Grundstück. Grundsätzlich liegt damit eher ein innerstaatlich geprägter Fall vor, der zwar den Wettbewerb mit K, aber nicht den grenzüberschreitenden Wettbewerb zu beeinträchtigen geeignet ist. Allerdings muss berücksichtigt werden, dass das Land L die Vergünstigung vor dem Hintergrund gewährt hat, dass die Kletterhalle des B in das Förderungsprogramm des DAV eingebunden ist. Aufgrund der wirtschaftlichen Verflechtungen zwischen den einzelnen Sektionen und dem Dachverband des DAV sind diese als **wirtschaftliche Einheit** anzusehen, deren Tätigkeit Auswirkungen auf den Binnenmarkt haben kann.[77]

Folglich liegt eine Beihilfe i.S.d. Art. 107 Abs. 1 AEUV vor.

2. Verletzung des Durchführungsverbots

Durch die Vereinbarung bzw. Gewährung des Nachlasses auf den Mietzins könnte das Land das Durchführungsverbot verletzt haben.

---

76 BVerwG RÜ 2017, 243, 249.

77 BVerwG RÜ 2017, 243, 249.

Auf die Ausnahmen vom Prüfungsverfahren nach der De-minimis-VO und der Gruppenfreistellungs-VO musst Du aufgrund des Bearbeitungshinweises nicht eingehen.

a) Notifizierungsverfahren

Damit die Kommission ihre Kontrollfunktion wahrnehmen kann, sind die Mitgliedstaaten verpflichtet, sie über jede neue Beihilfe i.S.d. Art. 107 Abs. 1 AEUV zu unterrichten, Art. 108 Abs. 3 S. 1 AEUV. Im Rahmen dieses **Notifizierungsverfahrens** prüft die Kommission, ob ein Ausnahmetatbestand i.S.d. Art. 107 Abs. 2 AEUV vorliegt oder ob eine Befreiung nach Art. 107 AEUV in Betracht kommt. Bis zur Entscheidung der Kommission dürfen die Mitgliedstaaten die Beihilfe nicht durchführen (sog. **Durchführungsverbot** oder auch **Sperrwirkung**, Art. 108 Abs. 3 S. 3 AEUV), sie also dem Begünstigen – in welcher Form auch immer – nicht zukommen lassen. Hier hat das Land L, ohne eine Prüfung der Kommission über eine entsprechende Mitteilung einzuleiten, den Vertrag mit dem Bergsportverein abgeschlossen und ihn auch bereits durchgeführt. Damit kam der B jedenfalls in dem Zeitraum zwischen dem Vertragsabschluss und dem späteren Beschluss der Kommission über die Vereinbarkeit der Beihilfe mit dem Unionsrecht unter Verstoß gegen das Durchführungsverbot in den Genuss der Beihilfe. Für diesen Zeitraum liegt folglich ein Verstoß gegen Art. 108 Abs. 3 S. 3 AEUV vor.

Dies hat zur Folge, dass der zwischen B und L geschlossene Mietvertrag nach § 59 Abs. 1 VwVfG i.v.m. § 134 BGB nichtig ist.

b) Heilung

Allerdings könnte dieser Verstoß durch den Beschluss der Kommission **geheilt** worden sein. Dies ist nur dann der Fall, wenn die Entscheidung der Kommission über die Vereinbarkeit einer Beihilfe mit dem Unionsrecht auf den Zeitpunkt der tatsächlichen Gewährung der Beihilfe **zurückwirkt**. Eine solche Rückwirkung **liefe indes dem Sinn und Zweck des Art. 108 Abs. 3 S. 3 AEUV zuwider** und würde dessen Wirkung geradezu aushöhlen: Denn nur die Sperrwirkung hält die Mitgliedstaaten dazu an, tatsächlich das Notifizierungsverfahren der Kommission durchzuführen. Anderenfalls bestünde die Gefahr, dass zunächst auch unionsrechtswidrige Beihilfen in der Hoffnung durchgeführt werden, eine Freigabe der Kommission zu erhalten. Bleibt diese aus, sind die Beihilfen zumindest für einen gewissen Zeitraum gewährt und damit eine Verzerrung und Behinderung des Binnenmarktes eingetreten, die nicht rückwirkend geheilt werden kann. Um derartige Wettbewerbsverzerrungen zu vermeiden, ist anerkannt, dass die Entscheidungen der Kommission keine Rückwirkung entfalten und damit der Verstoß gegen das Durchführungsverbot aus Art. 108 Abs. 3 S. 3 AEUV nicht geheilt werden kann.[78]

Damit liegt ein Verstoß gegen Art. 108 Abs. 3 S. 3 AEUV vor.

Ergebnis: Die Gewährung des reduzierten Mietzinses vor der Entscheidung der Kommission verletzt Unionsrecht.

78 EuGH NJW 1993, 49 Rn. 16 f. *Fédération nationale du commerce extérieur des produits alimentaires;* EuZW 2004, 87 Rn. 62 ff. *Belgien/van Claster u.a.*

6. Teil: Haftung für unionsrechtswidriges Verhalten

Fall 21: Ungeschriebene unionsrechtliche Staatshaftung

B betreibt in der Stadt S im Land L seit November 2006 ein Wettbüro und vermittelt Sportwetten aufgrund eines Geschäftsbesorgungsvertrages mit der M-GmbH (M), geschäftsansässig in Österreich und durch die dortige Regierung lizensiert. Mit Ordnungsverfügung vom 18.01. 2007 untersagt S dem B unter Anordnung der sofortigen Vollziehung den Betrieb der Wettannahmestelle. Zur Begründung führt sie aus, B fehle die notwendige staatliche Erlaubnis zur Vermittlung von Sportwetten.

Nach den Regelungen des Lotteriestaatsvertrages aus dem Jahr 2004 galt bundesweit ein staatliches Wettmonopol. Das BVerfG hatte zwar mit einem Urteil aus dem Jahr 2006 festgestellt, dass das staatliche Wettmonopol nach der derzeitigen Ausgestaltung nicht am Ziel der Bekämpfung von Suchtgefahren ausgerichtet und deshalb sowohl mit verfassungsrechtlichen als auch mit unionsrechtlichen Vorgaben unvereinbar ist. Das BVerfG erklärte die entsprechenden Rechtsvorschriften gleichwohl nicht für nichtig, sondern erklärte sie lediglich für verfassungswidrig und verpflichtete den Gesetzgeber, die Veranstaltung und Vermittlung von Sportwetten bis zum 31.12.2007 neu zu regeln. Unmittelbar nach der Entscheidung des BVerfG wies das Innenministerium des Landes L in einem an die Bezirksregierung R gerichteten Erlass unter Bezugnahme auf die Entscheidung des BVerfG darauf hin, dass die Veranstaltung und Vermittlung privater Sportwetten im Land L ebenso wie in anderen Bundesländern weiterhin verboten und nicht erlaubnisfähig sei. Soweit noch keine Untersagungsverfügungen gegen die betroffenen Betreiber ergangen seien, werde gebeten, solche unverzüglich zu erlassen und durchzusetzen.

In der Nachfolgeregelung, dem Glücksspielstaatsvertrag von 2008, entschieden sich die Länder für eine Beibehaltung des Wettmonopols, reglementierten jedoch die Werbung und regelten ein generelles Verbot für Glücksspiele im Internet. Mit einem Urteil vom 08.09.2010 stellte der Gerichtshof fest, dass die neuen Regelungen des Glücksspielstaatsvertrages mit der Dienstleistungs- und der Niederlassungsfreiheit unvereinbar seien. Das staatliche Glücksspielmonopol wurde daraufhin im neuen Glücksspielstaatsvertrag 2011 abgeschafft und ein beschränktes Konzessionssystem eingeführt.

B hat zwischenzeitlich gegen seine Untersagungsverfügung Klage erhoben. Erst in der letzten Instanz bekommt er Recht: Die Untersagungsverfügung wird mit Urteil des BVerwG im Jahr 2013 für rechtswidrig erklärt, da das Wettmonopol im Land L seit 2006 unionsrechtswidrig war. Daraufhin wendet sich B an die Stadt S und begehrt den Ersatz entgangenen Gewinns für die Jahre 2007 bis 2011. Steht ihm ein derartiger Anspruch unmittelbar aus dem Unionsrecht zu?

B könnte gegen die Stadt S einen Anspruch auf Schadensersatz betreffend den entgangenen Gewinn für die Jahre 2007 bis 2011 aus Unionsrecht haben.

I. Anspruchsgrundlage

Zunächst müsste sich aus dem Unionsrecht eine Anspruchsgrundlage ergeben.

Da Art. 340 Abs. 2 AEUV auch im Rahmen der nachfolgenden Herleitung des ungeschriebenen Anspruchs eine Rolle spielt, solltest Du ihn einleitend kurz erwähnen.

1. Art. 340 Abs. 2 AEUV analog

Der AEUV enthält keine ausdrückliche Anspruchsgrundlage, welche die Haftung der Mitgliedstaaten für gemeinschaftswidriges Verhalten regelt. **Art. 340 Abs. 2 AEUV** betrifft lediglich die **Haftung der Union für ihre Organe und Bediensteten**. Aufgrund des insofern eindeutigen Wortlauts kommt eine **analoge Anwendung** der Norm auf eine Haftung der Mitgliedstaaten für unionsrechtswidriges Verhalten nicht in Betracht.

2. Ungeschriebener unionsrechtlicher Staatshaftungsanspruch

Allerdings dürfen die Unionsbürger in den Mitgliedstaaten in Bezug auf schwerwiegende Verstöße gegen das Unionsrecht nicht schutzlos gestellt werden. Oftmals scheidet in diesen Fällen – aus unterschiedlichen Gründen – eine Haftung nach nationalem Recht aus. Deshalb ist ein **ungeschriebener unionsrechtlicher Staatshaftungsanspruch** allgemein anerkannt, der sich aus folgenden Gesichtspunkten ableiten lässt: Der Grundsatz des **effet utile** (praktische Wirksamkeit des Unionsrechts) gebietet die unionsrechtliche Staatshaftung. Die Möglichkeit einer Entschädigung ist danach besonders dann geboten, wenn die volle Wirkung der unionsrechtlichen Bestimmungen davon abhängt, dass der Mitgliedstaat tätig wird, und die Unionsbürger deshalb im Falle einer Untätigkeit des Staates die ihnen durch das Unionsrecht zuerkannten Rechte vor den nationalen Gerichten geltend machen können. Weiterhin folgt aus Art. 4 Abs. 3 EUV die Verpflichtung der Mitgliedstaaten, die rechtswidrigen Folgen eines Unionsrechtsverstoßes zu beheben. Können die Folgen nicht mehr behoben werden, ist den betroffenen Unionsbürgern zumindest eine Kompensation in Form eines Schadensersatzes zuteilwerden zu lassen. Zudem ist Art. 340 Abs. 2 AEUV der Grundsatz zu entnehmen, das öffentliche Stellen für die in Ausübung ihrer Amtstätigkeit verursachten Schäden haften. Der darin zum Ausdruck kommende Rechtsgedanke kann auf die Mitgliedstaaten übertragen werden, sobald sie durch Maßnahmen Unionsrecht verletzen.[79]

3. Taugliche Anspruchsgrundlage

Fraglich ist jedoch, ob dieses Rechtsinstitut selbst als Anspruchsgrundlage herangezogen werden kann.

Aufgrund der eingegrenzten Fallfrage musst Du hier nur zum Rechtsinstitut der unionsrechtlichen Haftung Stellung beziehen. Für die Frage der Haftung nach nationalen Vorschriften s. Fall 22!

a) Nach einer Auffassung werden durch das vom Gerichtshof entwickelte Rechtsinstitut ausschließlich die nationalen Vorschriften über die Staatshaftung für den Fall modifiziert, dass der Staat für die von ihm durch Verstoß gegen das Unionsrecht herbeigeführten Schäden in Anspruch genommen werde.[80]

79 EuGH NJW 1992, 165, 166 f. *Francovic*; NJW 1996, 1267, 1268 *Brasserie du Pecheur*.
80 Papier/Shirvani in: Münchener Kommentar zum BGB, § 839 Rn. 164.

Danach hätte das Rechtsinstitut keine eigenständige anspruchsbegründende Wirkung.

b) Nach der überwiegend vertretenen Auffassung hingegen handelt es sich bei der unionsrechtlichen Staatshaftung nicht nur um ein aus dem Unionsrecht folgendes Grundprinzip, sondern um ein eigenständiges Haftungsinstitut des Unionsrechts.[81] Die volle Wirksamkeit der unionsrechtlichen Bestimmungen wäre beeinträchtigt und der Schutz der durch sie begründeten Rechte gemindert, wenn die Bürger der Mitgliedstaaten nicht die Möglichkeit hätten, für den Fall der Verletzung von Unionsrecht eine Entschädigung zu erlangen. Darüber hinaus sei der Entschädigungsanspruch erforderlich, um Art. 288 AEUV seine volle Wirksamkeit zu verleihen, wenn das durch die Richtlinie vorgeschriebene Ziel die Verleihung von Rechten an den Einzelnen umfasse, deren Inhalt auf der Grundlage der Richtlinie bestimmt werden kann, und ein Kausalzusammenhang zwischen dem Verstoß gegen die dem Staat auferlegte Verpflichtung und dem den Geschädigten entstandenen Schaden besteht.

Nach dieser Auffassung kommt das Rechtsinstitut selbst als Anspruchsgrundlage in Betracht.

c) Der zuletzt genannten Auffassung ist zu folgen. Für die Behandlung als eigene Anspruchsgrundlage spricht zum einen, dass – anders als bei der Staatshaftung nach nationalen Vorschriften – keine Haftung für das Fehlverhalten eines spezifischen Amtswalters konstruiert wird, sondern eine originäre Haftung des Mitgliedstaates bzw. der zuständigen staatlichen Institution die aus der verspäteten oder versäumten Umsetzung der Richtlinie und damit einem Verstoß gegen europäisches Primärrecht resultiert. Darüber hinaus ermöglicht die Einordnung des Rechtsinstituts als eigenständige Anspruchsgrundlage die Gewährung von Schadensersatz in den Bereichen, in denen ansonsten kein Schadensersatzanspruch besteht, insbesondere bei legislativem Unrecht. Damit kann das Rechtsinstitut der unionsrechtlichen Staatshaftung selbst als Anspruchsgrundlage herangezogen werden.

II. Anspruchsvoraussetzungen

Weiterhin müssten die Anspruchsvoraussetzungen vorliegen. Ein unionsrechtlicher Schadensersatzanspruch besteht, wenn individualschützendes Unionsrecht verletzt wurde, ein hinreichend qualifizierter Verstoß vorliegt und ein unmittelbarer Kausalzusammenhang zwischen der Pflichtverletzung und dem Schaden besteht.[82]

Anders die im deutschen Recht vorherrschende Schutznormtheorie, mit der Du insbesondere im Rahmen von Nachbarrechtsbehelfen konfrontiert wirst.

a) Verstoß gegen individualschützendes Unionsrecht

Zunächst müsste ein Verstoß gegen individualschützendes Unionsrecht vorliegen. Das Unionsrecht ist nicht nur individualschützend, wenn der Schutz des Einzelnen bezweckt ist, sondern bereits dann, wenn eine hinreichend bestimmte und unmittelbar vollziehbare Norm tatsächlich den Schutz des Bürgers bezweckt. Individualschützend sind dabei vor allem die Grundfreiheiten nach dem AEUV.

81 BVerfG NJW 2012, 598, 599; BGH NJW 2008, 3558, 3559; Dörr DVBl. 2006, 598, 602.
82 EuGH NJW 1992, 165, 166 *Francovic*; RÜ 2009, 649, 650; Schlick NJW 2011, 3137, 3139.

Wie der Gerichtshof festgestellt hat, beschränkten die Vorschriften des ab 2008 gültigen Glücksspielstaatsvertrages die Dienstleistungsfreiheit aus Art. 56 AEUV und die Niederlassungsfreiheit aus Art. 49 AEUV. Die entsprechenden Vorschriften machten es ausländischen Wettanbietern unmöglich, in Deutschland legal Wetten anzubieten oder zu vermitteln. Zwar sind derartige Beschränkungen gemäß Art. 52 i.V.m. Art. 62 AEUV einer Rechtfertigung aus Gründen der öffentlichen Ordnung, Sicherheit oder Gesundheit sowie des Verbraucherschutzes zugänglich. Hinsichtlich der Schaffung eines staatlichen Wettmonopols zur Eindämmung der Spielsucht ist dies jedoch nur möglich, wenn dieses Ziel konsequent und widerspruchsfrei verfolgt wird (sog. Kohärenzgebot). Genau einer solchen gezielten Verfolgung des Zieles fehlte es jedoch bei den deutschen Vorschriften des Glücksspielstaatsvertrages, da eine Reihe von Glücksspielen, die nicht unter das staatliche Monopol fielen, ein höheres Suchtpotenzial aufweisen als jene, für die das Monopol galt. Zudem beanstandete der EuGH die Durchführung intensiver Werbekampagnen durch den Inhaber des staatlichen Monopols auf Sportwetten. Dementsprechend verstießen die Vorschriften des Glücksspielstaatsvertrags gegen die Dienstleistungs- und Niederlassungsfreiheit, sodass individualschützende Vorschriften verletzt sind.

Einen hinreichend qualifizierten Verstoß gegen das Unionsrecht nimmt der Gerichtshof in der Regel in Fällen nicht oder nicht fristgerechter Umsetzung von Richtlinien an. In diesen Fällen bedarf dieser Prüfungspunkt keiner umfangreichen Begründung!

b) Hinreichend qualifiziert

Der Verstoß muss ferner hinreichend qualifiziert sein. Nach der Rspr. des Gerichtshofs ist dies der Fall, wenn der betreffende Mitgliedstaat seine Befugnisse offenkundig erheblich überschritten hat. Diesem restriktiven Haftungsmaßstab liegt die Erwägung zugrunde, dass insbesondere wirtschaftspolitische Entscheidungen nicht jedes Mal durch die Möglichkeit von Schadensersatzklagen behindert werden dürfen, wenn Allgemeininteressen den Erlass von Maßnahmen gebieten, die die Interessen des Einzelnen beeinträchtigen können. Hierbei handelt es sich um eine Wertungsfrage, bei der alle Gesichtspunkte des Einzelfalls zu berücksichtigen sind, insbesondere das Maß an Klarheit und Genauigkeit der verletzten Vorschrift und der Umfang des dem Mitgliedstaat verbliebenen Ermessensspielraums.

Für die weitere Prüfung musst Du – da auch unterschiedliche nationale Regelwerke betroffen waren – zwischen den einzelnen Zeitpunkten unterscheiden!

aa) Zeitraum bis zum 31.12.2007

Fraglich ist, ob für den Zeitraum bis zum 31.12.2007 ein hinreichend qualifizierter Verstoß angenommen werden kann.

(1) Dafür spricht zunächst, dass der ursprüngliche Lotteriestaatsvertrag gegen die unionsrechtlichen Vorgaben für staatliche Wettmonopole verstieß, indem er inkohärent war. Eine entsprechende Feststellung hat das BVerfG in seinem ersten Urteil getroffen. Gleichwohl gelangte der Lotteriestaatsvertrag bis zum 31.12.2007 zur Anwendung, wurde also trotz erkannter Unionsrechtswidrigkeit zur Grundlage staatlichen Handelns gemacht.

(2) Allerdings ist zu berücksichtigen, dass nicht jeder Verstoß gegen das Unionsrecht die mitgliedstaatliche Staatshaftung auslöst, sondern ein hinreichend qualifizierter Verstoß gegen das Unionsrecht hierfür erforderlich ist. Es sollen dementsprechend nur schwerwiegende Verstöße eine unmittelbare Haftung der Mitgliedstaaten für dadurch verursachte Schäden auslösen. Gegen die erforderliche Schwere durch die Aufrechterhaltung des Wettmonopols spricht aber, dass eben die übergangsweise Anwendung vom BVerfG autorisiert worden war. Da die verfassungs- und unionsrechtlichen Kriterien für die Kohärenz des Sportwettenmonopols identisch waren, durften die Behörden davon ausgehen, dass mit Einhaltung der vom BVerfG aufgestellten Maßgaben zur Herstellung der notwendigen Kohärenz nicht nur die verfassungsrechtlichen, sondern auch die unionsrechtlichen Bedenken behoben waren.[83]

(3) Gegen diese Einordnung könnte jedoch sprechen, dass das BVerfG keinerlei Entscheidungskompetenz hinsichtlich des Unionsrechts hat, sondern lediglich die Vereinbarkeit staatlicher Maßnahmen mit der Verfassung überprüfen darf. Dabei ist jedoch zu berücksichtigen, dass die Behörde gleichwohl auf die Richtigkeit der Entscheidung vertraut und vertrauen darf. Wenn das BVerfG ausführt, die rechtlichen Vorgaben des Unionsrechts seien mit den Vorgaben des nationalen Verfassungsrechts identisch, besteht für die Behörde keinerlei Veranlassung, diese Feststellung kritisch zu hinterfragen oder diese zu überprüfen. Vielmehr darf sich die Behörde auf die Richtigkeit des Richterspruches verlassen und die von dem Spruch betroffenen Vorschriften anhand der Maßgaben des BVerfG weiterhin anwenden.

In der Anwendung des Lotteriestaatsvertrages liegt damit zwar ein Verstoß gegen das Unionsrecht. Dieser Verstoß ist jedoch nicht hinreichend qualifiziert, sodass für den Zeitraum bis zum 31.12.2007 die Voraussetzungen für den Staatshaftungsanspruch nicht erfüllt sind.

bb) Zeitraum vom 01.01.2008 bis zum 08.09.2010

Dieselben Erwägungen lassen sich auf den Zeitraum vom **01.01.2008** bis zur Entscheidung des Gerichtshofs am **08.09.2010** übertragen: Der ab dem 01.01.2008 geltende neue Glücksspielstaatsvertrag enthielt zwar weiterhin das unionsrechtswidrige Sportwettenmonopol, setzte aber die vom BVerfG in der o.g. Entscheidung gemachten Vorgaben um. Damit durfte die Behörde davon ausgehen, dass auch die unionsrechtlichen Vorgaben – die nach den Ausführungen des BVerfG mit den nationalen Vorgaben identisch sein sollten – eingehalten waren. Dass dies jedoch nicht der Fall war, stand für die Behörden erst mit der Entscheidung des Gerichtshofs vom 08.09.2010 fest; ab diesem Zeitpunkt war das bestehende Vertrauen erschüttert. Demzufolge lag zwar auch bezogen auf den vorgenannten Zeitraum ein Verstoß gegen das Unionsrecht vor, der aber ebenso aufgrund der Entscheidung des BVerfG und des daraus resultierenden Vertrauens auf die Unionsrechtskonformität nicht hinreichend qualifiziert war.

cc) Zeitraum ab dem 08.09.2010

Fraglich bleibt deshalb, ob ein hinreichend qualifizierter Verstoß gegen das Unionsrecht für den Zeitraum **ab dem 08.09.2010** bis zum Inkrafttreten des neuen Glücksspielstaatsvertrages im Jahr 2011 gegeben war. Hiergegen spricht jedoch, dass zwar die konkrete Ausgestaltung des Glücksspielstaatsvertrages unionsrechtswidrig war, der Gerichtshof in seiner Entscheidung aber festgestellt hat, dass ein staatliches Wettmonopol unter bestimmten Voraussetzungen mit dem Unionsrecht vereinbar sein kann. Aus den Vorgaben ergab sich dementsprechend ein **weiter Gestaltungsspiel-**

83 BGH RÜ 2015, 462, 464.

raum des nationalen Gesetzgebers, der nach dem Gerichtshof sowohl Erlaubnisvorbehalte für die Tätigkeit von Wettanbietern als auch Beschränkungen auf bestimmte Arten von Wetten hätte einführen können. Auch für diesen Zeitraum lag deshalb ein Verstoß gegen das Unionsrecht vor, der jedoch ebenfalls nicht hinreichend qualifiziert war.

Mangels hinreichend qualifizierten Verstoßes liegen die Voraussetzungen für die ungeschriebene unionsrechtliche Staatshaftung nicht vor.

Ergebnis: B kann seinen Schadensersatzanspruch deshalb nicht auf das Unionsrecht stützen.

Fall 22: Haftung für unionsrechtswidriges Handeln nach nationalem Recht

Bertold Bettski (B) aus Fall 25 stützt seinen Schadensersatzanspruch gegen die Stadt S nicht mehr auf Unionsrecht, sondern ist der Auffassung, dass ihm aufgrund des festgestellten Verstoßes gegen das Europarecht ein Schadensersatzanspruch nach nationalem Recht zustünde. Zu Recht?

Bearbeitungshinweis: § 39 Abs. 1 Ordnungsbehördengesetz (OBG) des Landes L hat folgenden Wortlaut:

Ein Schaden, den jemand durch Maßnahmen der Ordnungsbehörden erleidet, ist zu ersetzen, wenn er...

b) durch rechtswidrige Maßnahmen, gleichgültig, ob die Ordnungsbehörden ein Verschulden trifft oder nicht, entstanden ist.

I. Schadensersatzanspruch aus § 839 BGB i.V.m. Art. 34 S. 1 GG

Dem B könnte gegen die Stadt S ein Anspruch auf Schadensersatz aus § 839 BGB i.V.m. Art. 34 S. 1 GG zustehen.

1. Anwendbarkeit

Vorrangige Spezialregelungen sind im vorliegenden Fall nicht einschlägig, sodass der allgemeine Amtshaftungsanspruch anwendbar bleibt.

2. Voraussetzungen

Danach kommt eine Haftung der Stadt S in Betracht, wenn jemand in Ausübung eines ihm anvertrauten öffentlichen Amtes die ihm einem Dritten gegenüber obliegende Amtspflicht verletzt und dadurch einen Schaden herbeiführt.

a) Hoheitliche Handeln

Das erforderliche hoheitliche Handeln liegt in dem Erlass der Untersagungsverfügung gegenüber B.

b) Amtspflichtsverletzung

Durch den Erlass der Untersagungsverfügung könnten die Bediensteten der Stadt S ihre **Amtspflicht zu rechtmäßigem Verwaltungshandeln** aus Art. 20 Abs. 3 GG verletzt haben.

Für einen solchen Verstoß spricht zunächst, dass die Untersagungsverfügung mit dem Unionsrecht unvereinbar und damit rechtswidrig war. Diesem Befund könnte jedoch die **Weisung des Innenministeriums** entgegenstehen. Durch dieses war der nachgeordneten Behörde und damit auch den einzelnen Amtswaltern aufgegeben worden, entsprechende Wettbüros wie das des B unter Verweis auf das staatliche Wettmonopol zu schließen. Da die Untersagungsverfügung gegen B die Vorgaben der Weisung einhielt, könnte sie rechtmäßig gewesen sein. Fraglich ist deshalb, ob die Weisung im Rahmen der Amtspflichtverletzung überhaupt zu berücksichtigen ist.

aa) Nach einer Auffassung reicht der Verstoß gegen interne Weisungen und Verwaltungsvorschriften nicht aus, um eine Amtspflichtverletzung zu begründen, sodass eben diese Weisungen und Verwaltungsvorschriften im Umkehrschluss ebenso wenig geeignet sind, die festgestellte Rechtswidrigkeit wieder zu entkräften.[84]

Nach dieser Auffassung stünde dementsprechend die Verletzung der Normen des außenwirkenden Rechts im Vordergrund und könnte nicht durch das Innenrecht entkräftet werden, sodass hiernach gegen die Pflicht zum rechtmäßigen Verhalten verstoßen worden ist.

Diese Auffassung hat zur Konsequenz, dass eine Haftungsverlagerung eintritt: Statt gegen die Stadt S richtet sich der Schadensersatzanspruch gegen das Land L, dessen Bediensteten die rechtswidrige Weisung erteilt haben!

bb) Nach der Gegenauffassung entstehen Amtspflichten nicht im Außenverhältnis gegenüber dem Bürger, sondern im Innenverhältnis zwischen dem Amtswalter und dem Dienstherrn. Deshalb resultieren die zu berücksichtigenden Amtspflichten nicht nur aus Gesetzen, sondern auch aus Verwaltungsvorschriften und verwaltungsinternen Weisungen.[85] Kollidiert die Außenrechtspflicht mit einer internen Weisung, geht nach dieser Ansicht die interne Weisung vor. Dies folge aus den beamtenrechtlichen Vorschriften, die dem Beamten die Pflicht auferlegen, Anordnungen seiner Vorgesetzten grundsätzlich auch dann zu befolgen, wenn sie rechtswidrig sind (vgl. § 36 Abs. 2 BeamtStG).

Hier kam die entsprechende Weisung aus dem Innenministerium und damit von der obersten Aufsichtsbehörde, sodass die Bediensteten der Stadt S zur Befolgung verpflichtet waren. Nach dieser Auffassung läge demzufolge keine Amtspflichtverletzung vor.

Dieser Streit bedürfte trotz der unterschiedlichen Ergebnisse der beiden Auffassungen keiner Entscheidung, wenn der Amtshaftungsanspruch an einer anderweitigen Voraussetzung scheitern würde.

Bei der unionsrechtlichen Staatshaftung ist ein Verschulden hingegen nicht erforderlich, kann aber Bedeutung für die Annahme eines hinreichend qualifizierten Verstoßes haben.

c) Verschulden

Insoweit ist fraglich, ob die Bediensteten der Stadt S schuldhaft i.S.d. § 276 BGB gehandelt haben. Hierfür wäre zumindest Fahrlässigkeit erforderlich. Diese liegt vor, wenn die handelnden Bediensteten die im Verkehr erforderliche Sorgfalt außer Acht gelassen haben. Bezogen auf die Amtstätigkeit ist dies wiederum der Fall, wenn die Amtswalter bei Anwendung eines objektiven Sorgfaltsmaßstabes ihr Verhalten als amtspflichtwidrig hätten erkennen können.

Vor dem Hintergrund der Weisung des Innenministeriums war dies jedoch nicht der Fall. Die handelnden Bediensteten durften sich darauf verlassen, dass diese Weisung ordnungsgemäß ergangen und inhaltlich korrekt war. Es konnte nicht von ihnen verlangt werden, dass sie die Weisung des Innenministeriums mit dem Unionsrecht überprüften.

Mangels Verschuldens scheidet damit ein Amtshaftungsanspruch des B gegenüber der Stadt S aus.

Landesrecht: § 59 Abs. 2 ASOG Bln, § 38 Abs. 1b OBG Bbg, § 56 Abs. 1 S. 2 BremPolG, § 64 Abs. 1 S. 2 HSOG, § 80 Abs. 1 S. 2 NPOG, § 39 Abs. 1b OBG NRW, § 87 Abs. 1 S. 2 POG RP, § 68 Abs. 1 S. 2 SPolG, § 69 Abs. 1 S. 2 SOG LSA, § 68 Abs. 1 S. 2 ThürPAG, § 52 ThürOBG. Im Übrigen gelten die Grundsätze des Aufopferungsgewohnheitsrechts.

II. Anspruch aus § 39 Abs. 1 lit. b OBG

In Betracht kommt jedoch ein Anspruch aus § 39 Abs. 1 lit. b OBG. Danach kann derjenige, der durch eine rechtswidrige Maßnahme einer Ordnungsbehörde einen Schaden erlitten hat, diesen ersetzt verlangen. Dabei

84 Vgl. Papier/Shirvani in: Münchener Kommentar zum BGB, § 839 Rn. 255; Kellner DVBl. 2010, 799 f.
85 BGH NJW 2001, 3054; NVwZ 2000, 746; Sandkühler JA 2001, 414.

kommt es nicht darauf an, ob die Bediensteten der Ordnungsbehörde ein Verschulden trifft oder nicht.

1. Rechtswidrige Maßnahme

Der Begriff der ordnungsbehördlichen Maßnahme ist dabei weit zu fassen. Erfasst wird jedes Verhalten mit Außenwirkung, also vor allem Verwaltungsakte, aber auch ungewollte, nicht finale Handlungen. Der Erlass bzw. das Aufrechterhalten der Untersagungsverfügung stellen aufgrund des festgestellten Verstoßes gegen das Unionsrecht grundsätzlich rechtswidrige Maßnahmen dar.

2. Erfassung von legislativen Unrecht

Die objektive Rechtswidrigkeit beruhte aber vor allem darauf, dass das nationale Recht, das die Stadt S für sich genommen zutreffend angewendet hat, dem Verfassungs- und Unionsrecht widersprach. Fraglich ist dementsprechend, ob über den ordnungsrechtlichen Schadensersatzanspruch auch **legislatives Unrecht** erfasst werden kann.

Bei dem verschuldensunabhängigen Ersatzanspruch für Schäden infolge rechtswidriger Maßnahmen der Ordnungsbehörden handelt es sich um eine spezialgesetzliche Konkretisierung des **enteignungsgleichen Eingriffs**. Im Zusammenhang mit dem richterrechtlich ausgeprägten und ausgestalteten Institut des enteignungsgleichen Eingriffs scheidet nach der Rspr. eine Haftung für legislatives Unrecht in Gestalt eines mit dem Grundgesetz nicht zu vereinbarenden formellen Gesetzes aus. Dies soll nach der Rspr. des BGH auch für das Unionsrecht gelten: Bei Verstößen des Gesetzgebers gegen das Unionsrecht bedürfe es einer über § 39 OBG konstruierten Haftung des Gesetzgebers nicht, da sich bereits aus dem ungeschriebenen unionsrechtlichen Staatshaftungsanspruch eine diesbezügliche, ebenfalls verschuldensunabhängige Haftung herleiten ließe.[86] Hiernach scheidet eine Haftung nach § 39 OBG für legislatives Unrecht aus.

Etwas anderes könnte sich jedoch daraus ergeben, dass sich B nicht unmittelbar auf das gegen höherrangiges Recht verstoßende Gesetz stützt, sondern auf dessen **Vollzug**. Allerdings ist zu berücksichtigen, dass sich der Vollzug unmittelbar auf eben dieses unionsrechtswidrige Gesetz stützt und dieses umsetzt. Die Ursache für die Rechtswidrigkeit der Verwaltungsmaßnahme liegt damit ihrem Schwerpunkt nach in der Sphäre der Legislative. Damit ist das administrative Unrecht dem legislativen Unrecht im vorliegenden Fall gleichzustellen.

Demzufolge besteht auch kein Anspruch nach § 39 OBG.

Ergebnis: B steht gegen die Stadt S auch kein Anspruch nach nationalem Recht zu.

86 BGH RÜ 2015, 462, 466.

7. Teil: EU-Prozessrecht

1. Abschnitt: Vertragsverletzungsverfahren

Fall 23: Vertragsverletzungsverfahren

Im Jahr 2015 verabschiedete der Bundesgesetzgeber das Infrastrukturabgabengesetz (InfrAG). § 1 InfrAG sieht eine Abgabe für die Benutzung der Bundesfernstraßen i.S.d. § 1 Bundesfernstraßengesetz (FStrG) vor (PKW-Maut). Die Abgabe kann durch Erwerb von Vignetten mit Gültigkeitszeiträumen von zehn Tagen, zwei Monaten oder einem Jahr beglichen werden. Handelt es sich um ein in Deutschland zugelassenes Fahrzeug, muss unabhängig von der tatsächlichen Benutzung eine Jahresvignette erworben werden (§§ 3, 7 InfrAG). Ist das Fahrzeug hingegen im Ausland zugelassen, entsteht die Pflicht zur Entrichtung der Infrastrukturabgabe mit der ersten Benutzung einer abgabenpflichtigen Straße nach dem Grenzübertritt (§ 5 Abs. 4 InfrAG). Die Gesetzesbegründung weist darauf hin, dass die Einführung der Infrastrukturabgabe zum einen aus Gründen des Umweltschutzes erfolge. Zum anderen solle ein Systemwechsel erfolgen: Bislang würden die Kosten für die Erhaltung und den Ausbau der Bundesfernstraßen ausschließlich aus Steuermitteln bestritten. Deshalb könnten Fahrzeugführer und -halter aus dem Ausland die Bundesfernstraßen zwar benutzen, würden aber nicht an den Kosten beteiligt. Mit der Infrastrukturabgabe solle deshalb ein Wechsel von der Steuerfinanzierung zur Nutzungsfinanzierung vollzogen werden. Um eine Doppelbelastung deutscher Fahrzeughalter mit der Kraftfahrzeugsteuer und der Infrastrukturabgabe zu vermeiden, verabschiedete der Bundesgesetzgeber zugleich mit dem InfrAG eine Änderung des Kraftfahrzeugsteuergesetzes (KraftStG). Danach soll sich die für die in Deutschland zugelassenen Fahrzeuge zu entrichtende Kraftfahrzeugsteuer um den Betrag verringern, der der Infrastrukturabgabe entspricht, die der Fahrzeughalter für eine Jahresvignette zu entrichten hat. Die Änderung des KraftStG soll erst zu dem Zeitpunkt wirksam werden, zu dem erstmalig Infrastrukturabgaben erhoben werden.

Die Kommission sandte ein Mahnschreiben mit Fristsetzung an die Bundesrepublik Deutschland, in dem sie die Ansicht vertrat, dass die Regelungen mit Unionsrecht unvereinbar seien. Die Infrastrukturabgabe müsse gemeinsam mit der Steuerermäßigung beurteilt werden, da beide zusammen verabschiedet worden seien und die Steuerermäßigung erst bei Erhebung der Infrastrukturabgabe in Kraft treten solle. Die Vorschriften würden dazu führen, dass faktisch nur Fahrzeughalter und -führer mit im Ausland zugelassenen Fahrzeugen für die Nutzungsabgabe aufkommen müssten. Dies verletze die Warenverkehrsfreiheit, die Dienstleistungsfreiheit und letztlich auch das allgemeine Diskriminierungsverbot. Auf das Mahnschreiben antwortete die Bundesrepublik Deutschland, dass die Infrastrukturabgabe nicht zusammen mit der Steuerermäßigung zu beurteilen ist und die Regelungen mit den Grundfreiheiten und dem Diskriminierungsverbot vereinbar sind.

Daraufhin übersandte die Kommission eine mit Gründen versehene Stellungnahme, mit der sie die Bundesrepublik Deutschland aufforderte, binnen zwei Monaten Maßnahmen zu ergreifen, um die Verstöße zu beseitigen. Da die Bundesrepublik auf die Stellungnahme nur dergestalt reagierte, dass man zu keiner Änderung des nationalen Rechts bereit sei und an der dargestellten Rechtsauffassung festhalte, leitete die Kommission beim Gerichtshof zwei Monate nach Fristablauf formgemäß ein Vertragsverletzungsverfahren mit der Argumentation aus der Stellungnahme ein.

Ist das Vertragsverletzungsverfahren zulässig eingeleitet worden?

Vermerk für die Bearbeitung: Art. 92 AEUV und sekundäres Unionsrecht sind nicht zu prüfen. Auf den Vollzug der Infrastrukturabgabe ist ebenfalls nicht einzugehen.

Das von der Kommission eingeleitete Vertragsverletzungsverfahren könnte zulässig sein.

I. Zuständigkeit

Der angerufene **Gerichtshof** müsste zuständig sein. Da Art. 258 Abs. 2 AEUV nur den Gerichtshof der Europäischen Union als Organ in Bezug nimmt, folgt hieraus keine Zuständigkeitsregelung. Die Zuständigkeit liegt vielmehr aufgrund eines **Umkehrschlusses aus Art. 256 Abs. 1 UAbs. 1 AEUV** beim Gerichtshof, da die Zuständigkeit weder kraft vertraglicher noch kraft Satzungsregelung auf das Gericht übertragen worden ist.

II. Aktive und passive Parteifähigkeit

Die aktive und passive Parteifähigkeit folgt aus der Regelung in Art. 258 Abs. 2 AEUV.

1. Aktiv Parteifähigkeit

Zur Einleitung des Verfahrens und damit aktiv parteifähig ist nur die Kommission. Diese hat das Vorabentscheidungsverfahren eingeleitet.

Anders bei der sog. Staatenklage nach Art. 259 AEUV: Dort sind die Mitgliedstaaten aktiv parteifähig und können das Verfahren einleiten, wenn sie der Auffassung sind, dass ein anderer Mitgliedstaat die Verträge verletzt.

2. Passive Parteifähigkeit

Passiv parteifähig als Gegner im Verfahren sind ausschließlich die Mitgliedstaaten selbst. Das von der Kommission eingeleitete Verfahren richtet sich gegen die Bundesrepublik Deutschland, die als Mitgliedstaat der Europäischen Union passiv parteifähig ist.

III. Vorverfahren

Weiterhin setzt die Vertragsverletzung die ordnungsgemäße Durchführung eines Vorverfahrens voraus. Dieses gliedert sich in das erste Mahnschreiben der Kommission, die Gegendarstellung des betroffenen Mitgliedstaates und die begründete Stellungnahme der Kommission.

Das Vorverfahren dient der einvernehmlichen Lösung zur Vermeidung eines Vertragsverletzungsverfahrens vor dem Gerichtshof. Hierdurch wird die „Prangerwirkung" eines derartigen Verfahrens vermieden und die Souveränität des jeweiligen Mitgliedstaates gewahrt.

1. Erstes Mahnschreiben

Nach Art. 258 Abs. 1 Hs. 2 AEUV hat die Kommission dem betroffenen Mitgliedstaat die Gelegenheit zur Stellungnahme einzuräumen. Dabei hat sie dem Mitgliedstaat die Tatsachen mitzuteilen, in denen sie den Vertragsverstoß sieht und die Einleitung eines Vertragsverletzungsverfahrens anzukündigen (sog. **erstes Mahnschreiben**). Zudem muss die Kommission dem Mitgliedstaat eine Frist setzen, in der er sich zu den Vorwürfen äußern kann.

In dem ersten Schreiben der Kommission an die Bundesrepublik Deutschland hat die Kommission mitgeteilt, aus welchen Gründen sie in der nationalen Regelung eine nicht gerechtfertigte Diskriminierung erblickt und von einem Verstoß gegen die Warenverkehrsfreiheit und die Dienstleistungsfreiheit ausgeht. Auch eine Fristsetzung war beigefügt, sodass das Schreiben den Anforderungen an ein erstes Mahnschreiben genügte.

2. Anhörung

Die Bundesrepublik Deutschland hat die Möglichkeit der **Gegendarstellung** wahrgenommen und der Kommission mitgeteilt, aus welchen Gründen sie nicht von einer Vertragsverletzung ausgeht. Die Anhörung des betroffenen Mitgliedstaates ist damit durchgeführt worden.

3. Begründete Stellungnahme der Kommission

Letztlich hat die Kommission vor der förmlichen Einleitung des Vertragsverletzungsverfahrens bei dem Gerichtshof gemäß Art. 258 Abs. 1 Hs. 1 AEUV eine begründete Stellungnahme abzugeben. Diese Stellungnahme muss die **wesentlichen Tatsachen und Rechtsgründe** enthalten, aus denen sich nach Auffassung der Kommission der Vertragsverstoß ergibt. Auch diese Stellungnahme ist mit einer **Frist** zur Beseitigung der Vertragsverletzung zu versehen. Erst nach fruchtlosem Ablauf dieser Frist ist das Vorverfahren abgeschlossen und die Einleitung des Vertragsverletzungsverfahrens nach Art. 258 Abs. 2 AEUV möglich.

Ob die Kommission nach fruchtlosem Fristablauf eine Vertragsverletzung einleitet oder nicht, ist in ihr Ermessen gestellt. Es besteht jedenfalls keine „Klagepflicht".

Die Kommission hat sich mit der Stellungnahme der Bundesrepublik Deutschland auseinandergesetzt und mitgeteilt, dass sie in der nationalen Regelung gleichwohl einen Verstoß gegen die Warenverkehrs- und Dienstleistungsfreiheit sieht, als auch einen Verstoß gegen das allgemeine Diskriminierungsverbot. Die Kommission hat der Bundesrepublik Deutschland weiterhin eine Frist von zwei Monaten gesetzt, um den Verstoß zu beseitigen. Dies ist jedoch nicht erfolgt; vielmehr hat die Bundesrepublik Deutschland mitgeteilt, an ihrer Rechtsauffassung festzuhalten und eine Verletzung der Vorschriften des AEUV verneint.

Danach hat die Kommission das Vorverfahren vollständig und fruchtlos durchgeführt.

IV. Klagegegenstand

Prüfungsmaßstab ist – abweichend vom Wortlaut des Art. 258 AEUV – das gesamte Unionsrecht. Neben dem Verstoß gegen primäres Unionsrecht kann auch die Verletzung von sekundärem und tertiärem Unionsrecht und sogar die Verletzung von in die Unionsrechtsordnung integriertem Völkerrecht gerügt werden.

Richtiger Klagegegenstand des Vertragsverletzungsverfahrens ist die Behauptung der Kommission, ein Mitgliedstaat habe gegen eine Verpflichtung aus den Verträgen verstoßen. Der Umfang der behaupteten Vertragsverletzung richtet sich dabei nach der begründeten Stellungnahme aus dem Vorverfahren, über die er nicht hinausgehen darf. Da die begründete Stellungnahme ihrerseits nicht über das erste Mahnschreiben hinausgehen darf, erweist sich der Klagegegenstand insoweit als in doppelter Hinsicht akzessorisch. Im vorliegenden Fall hat die Kommission im Rahmen der Einleitung des Vertragsverletzungsverfahrens die Argumentation aus der begründeten Stellungnahme wiederholt, sodass die Vereinbarkeit der Regelung des InfrAG und KraftStG mit der Warenverkehrs- und Dienstleistungsfreiheit sowie dem Diskriminierungsverbot den zulässigen Klagegegenstand bildet.

V. Klageberechtigung

Da das Vertragsverletzungsverfahren der objektiven Durchsetzung des Unionsrechts dient, kommt es nicht auf eine Betroffenheit der Kommission oder auf einen Rechtsverstoß gegenüber oder zum Nachteil der Kommission an.

Die Kommission ist nur für den Fall klageberechtigt, dass sie in tatsächlicher und rechtlicher Hinsicht von der Vertragsverletzung durch den Mitgliedstaat **überzeugt** ist. **Zweifel** über die Vereinbarkeit mitgliedstaatlicher Maßnahmen mit dem Unionsrecht **genügen** hingegen **nicht**. Mit ihrem Mahnschreiben sowie der abschließenden Stellungnahme und der Verfahrenseinleitung hat die Kommission jedoch zum Ausdruck gebracht, dass sie von einer Verletzung der Warenverkehrs- und Dienstleistungsfreiheit und dem Diskriminierungsverbot durch die deutschen Vorschriften überzeugt ist. Dementsprechend war die Kommission auch zur Einleitung des Verfahrens berechtigt.

VI. Verwirkung

Für die Einleitung des Vertragsverletzungsverfahrens ist **keine Frist** vorgesehen; vielmehr erstreckt sich das Ermessen der Kommission auch auf den Zeitpunkt der Klageerhebung. Allerdings kann die Kommission das Recht zur Verfahrenseinleitung **verwirken**, wenn sie nach Abschluss des Vorverfahrens unangemessen lange mit der Klageerhebung zuwartet, ohne das ein sachlicher Grund die Verzögerung der Verfahrenseinleitung rechtfertigt.[87] Zwischen dem Abschluss des Vorverfahrens und der Verfahrenseinleitung lagen hier jedoch nur zwei Monate, sodass eine Verwirkung noch nicht eingetreten ist.

VII. Form

Die Formanforderungen des **Art. 21 der Satzung des EuGH** sind erfüllt.

VIII. Rechtsschutzbedürfnis

Ein Rechtsschutzbedürfnis besteht weiterhin, da die Bundesrepublik Deutschland die gerügte Vertragsverletzung weder vor noch nach der Einleitung des Vertragsverletzungsverfahrens beseitigt hat.

Ergebnis: Das Vorabentscheidungsverfahren wurde durch die Kommission zulässig eingeleitet.

87 EuGH Slg. 1984, 1861 *Kommission/Belgien.*

2. Abschnitt: Nichtigkeitsklage

Fall 24: Nichtigkeitsklage

Anschließend an Fall 22 weist die Kommission nach Einblick in die zugehörigen Akten des Bundesarbeits- und Bundesfinanzministeriums die Bundesrepublik Deutschland an, den Zuschuss in Höhe von 100 Millionen Euro und das zinslose Darlehen, welches an die B ausgezahlt wurde, zurückzufordern. Die Kommission ist nämlich der Ansicht, dass der Zuschuss und das Darlehen gegen das Unionsrecht verstoßen.

B ist empört und will sich vor dem Gerichtshof der Europäischen Union gegen die Rückforderung währen. Er beantragt deshalb einen Monat nach dem Beschluss der Kommission beim Gericht, dass dieses den Beschluss der Kommission als mit dem Unionsrecht für unvereinbar erkläre und die weitere Durchführung verhindern solle.

Vermerk für die Bearbeitung: Prüfen Sie die Zulässigkeit der Nichtigkeitsklage unter allen rechtlich in Betracht kommenden Gesichtspunkten!

Die von der B zum Gericht erhobene Nichtigkeitsklage könnte zulässig sein.

I. Zuständigkeit

Zunächst müsste das Gericht als Teil des Gerichtshofs der Europäischen Union für die Nichtigkeitsklage zuständig sein. Art. 263 Abs. 1 AEUV bestimmt lediglich, dass der Gerichtshof der Europäischen Union für die Nichtigkeitsklage zuständig ist. Eine Aussage über die Zuständigkeit des jeweiligen Spruchkörpers ist damit nicht getroffen. Die Zuständigkeit ergibt sich vielmehr aus **Art. 256 Abs. 1 UAbs. 1 S. 1 AEUV**. Danach ist das Gericht erstinstanzlich für solche Nichtigkeitsklagen zuständig, die nicht gemäß der Satzung des EuGH dem EuGH vorbehalten sind. Die in Bezug genommene Regelung des **Art. 51 der Satzung** sieht jedoch Ausnahmen zugunsten einer erstinstanzlichen Zuständigkeit des Gerichtshofs nur für die Fälle vor, dass ein Mitgliedstaat die Klage unter bestimmten weiteren Umständen erhebt (Art. 51 Abs. 1 der Satzung) oder ein Unionsorgan selbst als Kläger auftritt (Art. 51 Abs. 2 der Satzung). Beide Fälle sind hier nicht einschlägig; vielmehr hat B als juristische Person Nichtigkeitsklage erhoben. Mangels vorrangiger Zuständigkeit des Gerichtshofs ist deshalb das Gericht erstinstanzlich zuständig.

II. Aktive Parteifähigkeit

Weiterhin müsste B als Klägerin aktiv parteifähig sein. Hierunter fallen nach Art. 263 Abs. 4 AEUV alle natürlichen wie juristischen Personen. B als juristische Person ist demnach aktiv parteifähig und konnte deshalb die Klage erheben.

III. Klagegegenstand

Kurz gesagt können alle rechtsverbindlichen Handlungen von Organen der Europäischen Union Gegenstand der Nichtigkeitsklage sein.

Gegenstand der Nichtigkeitsklage können nach Art. 263 Abs. 1 AEUV alle Gesetzgebungsakte sowie Handlungen des Rates, der Kommission und der Europäischen Zentralbank, soweit es sich nicht um Empfehlungen oder Stellungnahmen handelt, und Handlungen des Europäischen Parlaments und des Europäischen Rates sein, die Rechtswirkungen gegenüber Dritten entfalten. B wendet sich gegen einen Beschluss der Kommission und möchte eine Überprüfung von dessen Rechtmäßigkeit durch das Gericht erreichen. Die Handlungen der Kommission werden von Art. 263 Abs. 1 S. 1 AEUV ausdrücklich als Klagegegenstand bezeichnet, soweit es sich nicht um Empfehlungen oder Stellungnahmen handelt. Dies ist bei dem angegriffenen Beschluss nicht der Fall, sodass dieser tauglicher Gegenstand der Nichtigkeitsklage ist.

IV. Beklagte

Die Kommission ist zudem richtige Beklagte, da die Klage generell an das Unionsorgan zu richten ist, das den streitigen Rechtsakt erlassen hat.

V. Klagebefugnis

Fraglich ist allerdings, ob B klagebefugt ist. Die Klagebefugnis **juristischer Personen** ist nach Art. 263 Abs. 4 AEUV gegeben, wenn die angefochtene Maßnahme an den Kläger gerichtet ist, wenn der Kläger durch den Klagegegenstand unmittelbar und individuell betroffen ist oder wenn der Klagegegenstand Verordnungscharakter besitzt und den Kläger unmittelbar betrifft und keine Durchführungsmaßnahmen nach sich zieht.

Die Unionsorgane hingegen sind privilegiert klageberechtigt, sie müssen keine besondere Klagebefugnis nachweisen. Vielmehr wird grundsätzlich unterstellt, dass sie ein Interesse an der Aufhebung einer rechtswidrigen Maßnahme eines anderen Unionsorgans haben.

1. Adressat

Der Beschluss der Kommission richtete sich an die Bundesrepublik Deutschland zwecks Rückerstattung des Zuschusses und des Darlehens. In dem Fall war B nicht der Adressat des Beschlusses, sodass die angefochtene Maßnahme nicht an sie gerichtet war.

2. Unmittelbare und individuelle Betroffenheit

B könnte jedoch unmittelbar und individuell betroffen sein. Diese Voraussetzung ist nur dann erfüllt, wenn **zwei Kriterien** kumulativ erfüllt sind: Zum einen muss sich die beanstandete Maßnahme auf die Rechtsstellung des Klägers unmittelbar auswirken, zum anderen muss sie ihren Adressaten, der mit ihrer Durchführung betraut ist, keinerlei Ermessensspielraum belassen. Ihre Umsetzung muss vielmehr rein automatisch erfolgen und sich allein aus der Unionsregelung ohne Anwendung anderer Durchführungsvorschriften ergeben.[88]

a) Unmittelbar

Hier ist der Beschluss jedoch an einen Mitgliedstaat gerichtet. Grundsätzlich fehlt es an der unmittelbaren Betroffenheit, wenn der Rechtsakt an einen Mitgliedstaat gerichtet ist. Eine Ausnahme besteht nur dann, wenn der Mitgliedstaat zur Umsetzung verpflichtet ist und kein Ermessensspielraum bleibt.[89] Zurückgefordert können Zuschüsse und Darlehen nur nach nationalem Recht, sodass hier deutsches Recht einschlägig ist, insbesondere § 48 VwVfG. § 48 VwVfG spricht der Behörde Ermessen zu. Jedoch verfügen die nationalen Behörden bei der Rücknahme unionsrechtswidriger Verwaltungsakte über keinerlei Ermessen.[90] Aufgrund der Rückforderung müsste B Zuschuss und Darlehen zurückzahlen. Somit ist sie unmittelbar betroffen.

88 EuG RÜ 2014, 179, 180.

89 Cremer in: Calliess/Ruffert, Art. 263 AEUV Rn. 36.

90 EuGH NJW 1998, 47, 49.

b) Individuell

Die B müsste darüber hinaus auch individuell betroffen sein. Dieses Erfordernis richtet sich nach der **sog. „Plaumann"-Formel** des Gerichtshofs. Danach ist eine natürliche oder juristische Person dann durch einen Unionsrechtsakt individuell betroffen, wenn dieser sie aufgrund bestimmter persönlicher Eigenschaften oder anderer Umstände berührt, die sie aus dem Kreis der übrigen Personen herausheben und dadurch in ähnlicher Weise individualisieren wie einen Adressaten.[91] Durch den Beschluss der Kommission wird allein B verpflichtet Zuschuss und Darlehen zurückzuzahlen. Damit ist B individuell betroffen.

Auf die übrigen Zulässigkeitsvoraussetzungen musst Du hier nur deshalb eingehen, weil die Zulässigkeit der Nichtigkeitsklage nach dem Bearbeitungsvermerk unter allen rechtlich in Betracht kommenden Gesichtspunkten zu prüfen ist!

Folglich ist B klagebefugt.

VI. Klagegründe

Die **Klageschrift** müsste den Anforderungen des **Art. 44 VerfO EuG** genügen. Dazu müsste in der Klageschrift einer der in Art. 263 Abs. 2 AEUV angeführten Klagegründe angegeben sein. Hierunter fallen die Unzuständigkeit des handelnden Unionsorgans, die Verletzung wesentlicher Formvorschriften, die Verletzung des Vertrages oder ein Ermessensmissbrauch. Die Klageschrift muss dabei den Klagegrund zwar nicht ausdrücklich benennen, ihn aber in der Sache konkret erkennen lassen und mit Tatsachen belegen. B macht in seiner Klageschrift geltend, der Beschluss der Kommission ist mit den Verträgen unvereinbar, sodass er sich auf den Klagegrund der Verletzung des AEUV beruft. Somit ist die hinreichende Belegung damit gegeben, sodass die Klageschrift den für sie geltenden Vorgaben gerecht wird.

VII. Klagefrist

Die Klagefrist von **zwei Monaten** nach dem Beschluss gemäß Art. 263 Abs. 6 AEUV hat B gewahrt.

Ergebnis: Die Nichtigkeitsklage des B ist zulässig.

91 EuGH Slg. 1963, 211 *Plaumann/Kommission.*

3. Abschnitt: Vorabentscheidungsverfahren

Fall 25: Vorabentscheidungsverfahren

Das deutsche Recht sieht in § 78 Abs. 1 S. 1 Nr. 1 Arzneimittelgesetz (AMG) vor, dass die Preisspannen für Arzneimittel, die im Großhandel oder in Apotheken abgegeben werden, in einer durch das Bundesministerium für Wirtschaft und Energie zu erlassenen Verordnung festzusetzen sind. Die Verordnung gilt auch für Arzneimittel, die in die Bundesrepublik Deutschland verbracht werden, sodass die Preisbindungsregelung nicht nur für Apotheken mit Sitz in Deutschland, sondern auch für solche mit Sitz im Ausland gilt. Die niederländische Versandapotheke D plant, Arzneimittel an Partner auf deutscher Seite vergünstigt abzugeben. Deswegen handelt D mit einer Hilfsorganisation für Parkinson-Patienten (P) ein Bonussystem aus, zur Gewährung eines Rabattes auf verschiedene verschreibungspflichtige Medikamente. Die Zentralstelle für Arzneimittelversorgung (Z) wird auf das Bonussystem aufmerksam und erhebt beim zuständigen Landgericht Klage auf Unterlassung. Z führt an, dass sich ohne die Preisbindung die flächendeckende sichere und qualitativ hochwertige Arzneimittelversorgung nicht sicherstellen lasse. Vielmehr drohe ein ruinöser Preiswettbewerb zwischen den unterschiedlichen Apotheken, welcher zu einem „Apothekensterben" vor allem in dünn besiedelten Gebieten führen könnte. Schließlich könne gerade schwer erkrankten Patienten nicht zugemutet werden, erst durch Recherche ermitteln zu müssen, in welcher Apotheke die für sie notwendigen Medikamente zum günstigen Preis angeboten würden.

Das Landgericht hat Bedenken, ob die arzneimittelrechtliche Preisbindung mit der Warenverkehrsfreiheit vereinbar ist. Sollte ein Unionsrechtsverstoß vorliegen, müsste dies zur Unanwendbarkeit der Preisbindungsregelung führen. Deshalb legt das Landgericht dem Gerichtshof die Frage zur Entscheidung vor, ob Art. 34, 36 AEUV dahingehend auszulegen seien, dass sie einer nationalen Regelung entgegenstehen, die eine Preisbindung verschreibungspflichtiger Arzneimittel vorsehe.

Ist das Verfahren zulässig eingeleitet worden?

Das Verfahren könnte als **Vorabentscheidungsverfahren** zulässig sein.

I. Zuständigkeit

Der **Gerichtshof** könnte zuständig sein. Art. 267 Abs. 1 AEUV nimmt nur Bezug auf den Gerichtshof der Europäischen Union als Organ, nicht jedoch auf den konkreten Spruchkörper. Die Zuständigkeit ergibt sich vielmehr aus einem **Umkehrschluss zu Art. 256 Abs. 3 UAbs. 1 AEUV**. Danach kann für das Vorabentscheidungsverfahren eine Zuständigkeit des Gerichts durch Satzungsregelung begründet werden. Da eine solche Satzungsregelung nicht existiert, bleibt es bei der Zuständigkeit des Gerichtshofs.

II. Zulässige Vorlagefrage

Darüber hinaus müsste das Landgericht eine zulässige Vorlagefrage gestellt haben. Hier kommt eine Vorlagefrage nach **Art. 267 Abs. 1 lit. a AEUV** in Betracht. Hierunter fällt das gesamte europäische Primärrecht, sodass nicht nur Auslegungsfragen hinsichtlich der Vorschriften des EUV und AEUV, sondern auch Auslegungsfragen betreffend der GRCh und die von ihm selbst entwickelten allgemeinen Rechtsgrundsätze an den Gerichtshof gerichtet werden können.[92] Unter Auslegung ist dabei die Ermittlung des Inhalts und der Tragweite einer bestimmten Rechtsnorm oder eines bestimmten Rechtsgrundsatzes zu verstehen. Hier sucht das deutsche Landgericht um die Bestimmung der Warenverkehrsfreiheit aus Art. 34 AEUV im Hinblick auf Preisbindungsvorschriften auf dem Arzneimittelsektor nach. Es handelt sich somit um eine taugliche Vorlagefrage.

Die Vorlagefrage stellt dabei auch nicht das nationale Recht in den Vordergrund, sondern fragt danach, ob das europäische Primärrecht dahingehend auszulegen sei, dass es einer nationalen Vorschrift mit Preisfixierungen im Arzneimittelbereich entgegenstehe. Damit ist der Vorlagegegenstand europarechtlicher und nicht nationalrechtlicher Natur. Letzteres kann nicht Gegenstand des Vorabentscheidungsverfahrens sein.[93] Folglich weist die Vorlagefrage einen ausreichenden Bezug zum Unionsrecht auf.

Zudem ist die Vorlagefrage auch **abstrakt** formuliert und zielt auf die Auslegung des Unionsrechts, nicht auf die Entscheidung des Vorlageverfahrens. Folglich liegen eine zulässige Vorlagefrage und auch ein zulässiger Vorlagegegenstand vor.

Schiedsgerichte gemäß §§ 1025 ff. ZPO sind keine Gerichte i.S.d. Unionsrechts, da sie aufgrund des Erfordernisses einer Vollstreckbarkeitserklärung nach § 1060 ZPO durch ein ordentliches Gericht nicht als unabhängige Instanz zur endgültigen Streitbeilegung befugt sind.

III. Vorlageberechtigung

Das Landgericht müsste vorlageberechtigt sein. Nach Art. 267 Abs. 2, Abs. 3 AEUV sind die **Gerichte eines Mitgliedstaates** zur Vorlage im Vorabentscheidungsverfahren berechtigt. Hierunter fallen alle unabhängigen, durch oder aufgrund eines Gesetzes eingerichteten Instanzen, die im Rahmen einer obligatorischen und nicht nur gewillkürten Zuständigkeit in einem Verfahren, das auf eine Entscheidung mit Rechtsprechungscharakter abzielt, bindend und unter Anwendung von Rechtsnormen entscheiden. Bei dem Landgericht handelt es sich um einen verfassten Spruchkörper, der nach §§ 13, 71 Abs. 1 GVG obligatorisch für alle bürgerlichen Rechtsstreitigkeiten zuständig ist, die nicht den Amtsgerichten zugewiesen sind. Folglich handelt es sich bei dem Landgericht um ein vorlageberechtigtes Gericht im Sinne des Unionsrechts.

IV. Entscheidungserheblichkeit

Nach Art. 267 Abs. 2 AEUV steht mitgliedstaatlichen Gerichten das Recht zur Vorlage zu, wenn die Vorlagefrage für die Entscheidung des Ausgangsverfahrens entscheidungserheblich ist. Grundsätzlich geht der EuGH dabei von einer **Vermutung für die Entscheidungserheblichkeit** aus; es kommt insoweit also auf die Einschätzung des mitgliedstaatlichen Gerichts an. Ausnahmsweise zurückgewiesen wird das Vorabentscheidungsersuchen nur, wenn die Vorlagefrage offensichtlich in keinem Zusammenhang mit der Realität oder dem Gegenstand des Ausgangsverfahrens steht, die Vorlagefrage rein hypothetischer Natur ist oder wenn die zur Beantwor-

92 Vgl. Karpenstein in: Grabitz/Hilf/Nettesheim, Art. 267 AEUV Rn. 20.

93 EuGH RÜ 2017, 518, 519.

tung der Vorlagefrage erforderlichen tatsächlichen oder rechtlichen Angaben unzureichend sind.

Im vorliegenden Fall ist keine dieser Ausnahmefallgruppen einschlägig. Sofern sich die Regelung in § 78 AMG als unionsrechtswidrig erweist, kann das Landgericht dem Begehren des Z auf Unterlassung nicht stattgeben, da dann durch P kein Verstoß gegen das deutsche Arzneimittelrecht vorliegt. Folglich kann Z für diesen Fall mangels Verstoßes kein Unterlassen der Verabredung und Durchführung von Bonussystemen verlangen. Ein unmittelbarer Zusammenhang der Vorlagefrage mit dem Ausgangsverfahren liegt damit vor. Da sich die Vorlagefrage dementsprechend auch nicht als hypothetisch erweist, ist die Frage für das vorlegende Landgericht entscheidungserheblich.

V. Formulierung der Vorlagefrage

Die Formulierung der Vorlagefrage war abstrakt und ausschließlich auf die Auslegung des entscheidungserheblichen Unionsrechts bezogen.

VI. Form

Die Vorlage erfolgte weiterhin formgemäß.

Ergebnis: Das Vorabentscheidungsverfahren wurde zulässig eingeleitet.

STICHWORTVERZEICHNIS

Die Zahlen verweisen auf die Seiten.